Fraumünster-Predigten Bd. 2

フラウミュンスター教会
説教集
II

ニクラウス・ペーター

さまよう羊

ヤコブとルツの物語

大石周平❖訳

一麦出版社

Ⅰの説教が語られた2007年、チューリヒ聖書の最新版が出版されました。フラウミュンスター教会の礼拝では早速これが用いられ、Ⅱの語られた2012年にもこの版が主に礼拝において用いられていました。本訳書では、特に言及がない限り、「聖書 新共同訳」を使用しました。

カバーと挿絵
表紙：フラウミュンスター教会
裏表紙：チューリヒ旧市街「チューリヒ改革派教会第一区」
～教会は左より――グロースミュンスター／説教者教会
フラウミュンスター／聖ペーター教会
31頁
Nicolas Dipre, Le songe de Jacob (Petit Palais in Avignon)
32頁
Rembrandt, Jakobs Traum (Ecole des Beaux-Arts Paris)

Ⅰの原書
Niklaus Peter, Die Jakobsgeschichte, Fraumünster- Predigten,
Edition Eigenverlag Kämbel, Opus one, 2008, 2. Auflage 2009.
Ⅱの原文は以下のホームページ
Niklaus Peter, Rut, Fraumünster- Predigten,
http://www.fraumuenster.ch

über. von
Pfr. Shuhei Oishi

Ichibaku Shuppansha Publishing Co., Ltd.
Sapporo, Japan

Soli Deo Gloria

目次

まえがき

『キリスト教宣教の危急と約束』という表題のもとで、カール・バルトが一九二二年に非常に印象深い講演をしています。「説教という牧師固有の問題」について語った講演です。そこでバルトは、説教がいかに重要か、そして同時にいかに難しいかを率直に述べています。というのも説教にあたっては、「人間生活の問題性」と「聖書の内容」とを結ぶことが問題だからです。

「実に、わたしは牧師として、人間に対して、その聞いたこともないような人生の矛盾のただ中に向かって語らなければならなかった。しかし……聖書の、これまたまさるともおとらぬ、聞いたこともないような使信について語らなければならなかったのである」（大宮溥訳『カール・バルト著作集一』、新教出版社、一九六八年、一三九頁）。

ただしかし、説教をするということは、やはり危急に終始するものではなく、確かなひとつの約束でもあります。だからこそ、福音の使信《メッセージ》を宣教することは、牧師人生におけるもっとも麗しい課題なのです。そのように実感する経験を、これまでわたし自身も重ねてきました。

さて、わたしにとってとりわけ嬉しいことに、チューリヒにおられた頃から友人としての親しい結び付きを与えられてきた大石周平牧師が、今回も、ふた組の説教を翻訳してくださいました。

『創世記』の「ヤコブ物語」に関する説教は、わたしが二〇〇七年一月から三月までの期間に、フラウミュンスター教会で行ったものです。一連の説教を結ぶ主題の糸は神の祝福です。ひとつの祝福、それは、はじめにこそヤコブが不正な偽りによって獲得しようとしたものでした。ひとつの祝福、それを、ヤコブはしかし後には神から与えられることになります。ひとつの祝福、ところがそれを得るためにはまた、さらなる格闘をしなければなりません。ひとつの祝福、それは、ヤコブが兄エサウと和解して初めて、ついに満たされることになるものです。

『ルツ記』に関する第二の説教は、わたしが二〇一一年十月から十一月に、フラウミュンスター教会で行ったものです。ルツ記は、逃避行と新たな始まりについての物語。死に直面した哀しみと、人間らしい信頼および連帯の物語です。そしてついには現実に、新しい命と幸せな人生が与えられるという、素晴らしい結末に至る。これは、神の祝福がわたしたちの人生にとって何を意味するかを告げる、もうひとつの聖書物語です。

この場をかりて、推薦のことばを寄せてくださった朝岡勝牧師に感謝します。また、すべてを翻訳する労を負ってくださった大石周平牧師に、そして、チューリヒ・フラウミュンスター協会

（Fraumünster-Verein Zürich）と同協会のマルクス・トマ（Markus Thomma）理事長に感謝します。さまざまにお支えいただいた、すべてのことについて「どうもありがとう」と申し上げたいと思います。そして、この説教集を読んでくださる日本のみなさんのことを覚えて、心をこめて祈り願います。

神の祝福が、あなたがたみなさんに、絶えず伴うものでありますように！

二〇二〇年十月

チューリヒにて

牧師　ニクラウス・ペーター

フレーニー・ペーター・バルトに捧ぐ
数えきれないほど多くのことに
愛と感謝を覚えつつ
（N．P．）

推薦のことば

『信仰のいろはをつづる——魂の解剖図と告白（フラウミュンスター教会説教集Ⅰ）』（一麦出版社、二〇一四年）に続き、ニクラウス・ペーター牧師による説教を大石周平牧師の訳文によって読むことができる幸いを心から感謝します。特に新型コロナ禍のもとで苦しみ喘ぐこの時、それでもなお私たちを慈しみ、励まし、癒やし、生かしてくださる生ける神の声が海を隔てたスイスの教会から私たちのもとに届けられたことは、神からの特別の贈り物です。本書に収められた十二篇の説教を読むとき、皆さんも同じ思いを抱かれると確信します。そしてできればそのうちのいくつかでも声に出して朗読してみてくださると、いっそうその思いを強くされるに違いありません。

二〇一三年の五月の終わりから六月にかけて、はじめてヨーロッパを訪れる機会が与えられました。当時オランダに留学していた友人とともにレンタカーを借りて約三〇〇〇キロの旅をしました。「宗教改革と告白教会闘争を巡る旅」というコンセプトのもと、デュッセルドルフを皮切りに、ヴッパータール、ハイデルベルク、ストラスブール、バーゼル、ザーフェンヴィル、チューリヒ、チュービンゲン、ラントシュタット、ディッケンシート、コブレンツ、ボン、そしてベルリン。海外留学などの経験のない私にとっては、書物でしか知らなかった世界が目の前にあることにただただ感動の連続だったことを思い出します。

チューリヒではシャガールのステンドグラスで有名なフラウミュンスター教会、グロスミュンスター教会、聖ペーター教会を訪れ、聖書と剣を手にしたツヴィングリ像をはじめブリンガー、ユート、ペリカン、ヴェルミーリなど、チューリヒ宗教改革者たちの仕えた教会や牧師館、再洗礼派の若い指導者たちが処刑されたリマト川などを巡りましたが、そのフラウミュンスター教会の説教壇から今も語られ続けている説教を、こうして手にすることができるとはその時には思ってもみないことでした。しかもあの荘厳な教会の説教壇から、こんなにも明快で、平易なことばで聖書が説き明かされているとは驚きです。

本書に収められた説教は、いずれも旧約をテキストにしたおどろくほどに丁寧でオーソドックスな講解説教です。堅実な釈義とスイス改革派の神学的伝統に裏付けられて、聖書の登場人物たちが活き活きと動き回り、私たちの前に立ち現れてきます。古代オリエントの世界と現代社会の間が行き来され、いにしえの時代と今の時とが神の導かれる歴史の中で結び付いていることを実感させられます。説教の言葉の随所に聴き手たちに対する深い牧会的な洞察が認められ、聴衆たちとともに生き、一人ひとりに伝わることばをもって語る説教者の姿を思い浮かべることができます。

このような説教の特色を一言で表現すれば「神の人間性」と言うことができるでしょう。人間に対するあまりに人間的とも思えるヤコブの物語。人間の悲哀に富んだルツとナオミの物語。そしてそれらを貫く主なる神の人間との間に結んでくださっている契約の確かさと真実さ。それはまさに神の人間性のあらわれであり、聖霊論的な展開とも言うべきものでしょう。聖書はまさに神のことばであり、そしてまた真の意味で人間のことばでもある。父なる神が、ロゴスなる御子において語り、聖霊において今も語り続けていてくださる、その神のことばの受肉の姿がこの説教を通して明確に表現されています。

この説教集がこれほどに豊かな恵みを私たちに届けてくれていることには、訳者の貢献が大きいことも忘れることができません。筆者には翻訳を云々する力はありませんが、大石牧師の語学力の高さとともに、何と言っても実際にペーター牧師の説教を同教会で聴き続けた経験をお持ちであることが決定的です（前著「あとがき」参照）。その御言葉の説き明かしによって生かされた信仰の経験が、訳文にも発揮されているのだと思います。

本書を読み終えて、一人の聴き手として深い慰めと励ましを受けるとともに、一人の説教者として新たなチャレンジを受け取ります。囲いの中にいて弱り果てている羊たちに語りかけるのみならず、「この囲いに入っていないほかの羊」（ヨハネ一〇・一六）にも、いやそのようなさまよう羊たちにこそ語りかけなければならない。そのためには説教者のことばもまた囲いの外に出なければならない。教会内でしか通じないようなジャーゴンや難解な専門用語をちりばめ、浅薄で生硬な人間理解と聴き手の現実に届かない自己完結・自己満足の言葉を越え出て、囲いの外にいる羊たちにいのちのことばを届けなければならない。そう強く思わされるのです。

神のことばを人間のことばで。福音の新しいことばを人々が生きている日常の話法で。この説教集がさまよう羊たちを捜し出し、見つけ出すために来てくださった救い主との出会いのことばとなることを、またそのようなことばを託され生かされている教会を強め、神のことばの仕え人たちを励ますことばとなることを確信し、心から推薦いたします。

朝岡勝（日本同盟基督教団徳丸町キリスト教会牧師）

I　ヤコブの物語

祝福はたった一つしかないのですか？

ヤコブは、父のもとへ行き、「わたしのお父さん」と呼びかけた。父が、「ここにいる。わたしの子よ。誰だ、お前は」と尋ねると、ヤコブは言った。「長男のエサウです。お父さんの言われたとおりにしてきました。さあ、どうぞ起きて、座ってわたしの獲物を召し上がり、お父さん自身の祝福をわたしに与えてください。」「わたしの子よ、どうしてまた、こんなに早くしとめられたのか」と、イサクが息子に尋ねると、ヤコブは答えた。「あなたの神、主がわたしのために計らってくださったからです。」イサクはヤコブに言った。「近寄りなさい。わたしの子に触って、本当にお前が息子のエサウかどうか、確かめたい。」

ヤコブが父イサクに近寄ると、イサクは彼に触りながら言った。「声はヤコブの声だが、腕はエサウの腕だ。」イサクは、ヤコブの腕が兄エサウの腕のように毛深くなっていたので、見破ることができなかった。そこで、彼は祝福しようとして、言った。「お前は本当にわたしの子エサウなのだな。」ヤコブは、「もちろんです」と答えた。イサクは言った。「では、お前の獲物をここへ持って来なさい。それを食べて、わたし自身の祝福をお前に与えよう。」ヤコブが料理を差し出すと、イサクは食べ、ぶどう酒をつぐと、それを飲んだ。それから、父イサクは彼に言っヤコブが近寄って口づけをすると、イサクは、ヤコブの着物の匂いをかいで、祝福して言った。

「ああ、わたしの子の香りは
主が祝福された野の香りのようだ。
どうか、神が
天の露と地の産み出す豊かなもの
穀物とぶどう酒を
お前に与えてくださるように。
多くの民がお前に仕え
多くの国民がお前にひれ伏す。
お前は兄弟たちの主人となり
母の子らもお前にひれ伏す。
お前を呪う者は呪われ
お前を祝福する者は
祝福されるように。」

イサクがヤコブを祝福し終えて、ヤコブが父イサクの前から立ち去るとすぐ、兄エサウが狩りから帰って来た。彼もおいしい料理を作り、父のところへ持って来て言った。「わたしのお父さん。起きて、息子の獲物を食べてください。そして、あなた自身の祝福をわたしに与えてください。」父イサクが、「お前は誰なのか」と聞くと、「わたしです。あなたの息子、長男のエサウです」と答えが返ってきた。イサクは激しく体を震わせて言った。「では、あれは、一体誰だったのだ。さっき獲物を取ってわたしのところに持って来たのは。実は、お前が来る前にわたしはみんな食べて、彼を祝福してしまった。だから、彼が祝福されたものになっている。」

　エサウはこの父の言葉を聞くと、悲痛な叫びをあげて激しく泣き、父に向かって言った。「わたしのお父さん。わたしも、このわたしも祝福してください。」イサクは言った。「お前の弟が来て策略を使い、お前の祝福を奪ってしまった。」エサウは叫んだ。「彼をヤコブとは、よくも名付けたものだ。これで二度も、わたしの足を引っ張り（アーカブ）欺いた。あのときはわたしの長子の権利を奪い、今度はわたしの祝福を奪ってしまった。」エサウは続けて言った。「お父さんは、わたしのために祝福を残しておいてくれなかったのですか。」

　イサクはエサウに答えた。「既にわたしは、彼をお前の主人とし、親族をすべて彼の僕とし、穀物もぶどう酒も彼のものにしてしまった。わたしの子よ。今となっては、お前のために何をしてやれようか。」

　エサウは父に叫んだ。

「わたしのお父さん。祝福はたった一つしかないのですか。わたしも、このわたしも祝福してください、わたしのお父さん。」エサウは声をあげて泣いた。


（創世記二七・一八―三八）

ほとんど信じがたいことではないでしょうか、親愛なる礼拝共同体《ゲマインデ》のみなさん、ヤコブの物語は、イスラエルの父祖の大それた裏切りから始まるのです。まったくどうしてこんな人が神の民の歴史に加えられているのでしょう。わたしたちはまたこの後どのように喜んで讃美歌九八番*を歌うことができるというのでしょう。「いかに幸いなことか、ヤコブの神を助けと仰ぐものは」だなんて！　ヤコブは、相続のために、お人よしの実兄を裏切った人なのです。

いや実際のところ、この争いの物語はすでにその前から、誕生以前の小競りあいとして始まっていました。双子のエサウとヤコブは、母リベカの胎内で互いに小突き合っていたので、リベカは落ち着く間もなかったのです。それから定めの時が過ぎ、ついに姿を現したのは一卵性双生児ではなく、ぜんぜん違う性格の者たちでした。兄のエサウは野生児。全身赤い毛でおおわれていた狩人で、動物の毛皮を身にまとっていたといいます。一方のヤコブは肌もなめらかで利発な人。まもなくすぐに文化的な生活を身につけた農夫、いってみれば良い坊ちゃんです。たしかにヤコブは弟でしたが、生まれ出ようとする間《ま》にすでに兄の踵《かかと》をつかみ、抜きん出ようとしていました。またその後《のち》のことです、あるとき兄がお腹をすかせて上首尾の狩りから帰ってくると、弟ヤコブは一杯のレンズ豆料理と引き換えに、エサウから長子の権利を買い取ってしまいます。いやまったくフェアな取引ではありませんでした。長子の権利など、ただの乾いた法律上の名目だ、とエサウは言いました。それに比べて豆料理はやはり豆料理だ、おいしそうな湯気をたて食べれば舌に快い。長い目で見通した戦略的思考に対するにわかの満足。たしかに自分が何を手放してしまったのかにエサウが気づくまでは良かったのです。しかし後《のち》に兄は怒り狂うことになります。あの狡猾で、手早い弟への怒りです。あいつは利得があるとみるなり、明らかに躊躇も斟酌もなく打って出る。こうしてこの兄弟喧嘩のモチーフが、聖書の家族物語を構成するものとなっていくのです。

だがまたどうしてこの物語が聖書に入ってきたのでしょうか。この物語には、遊牧の狩人と定住の農夫の間の文化史的抗争が反映しているのだと言って、わたしたちに教えてくれる旧約学者や歴史家たちは、きっと正しいのでしょう。ただ、どうでしょう。それがわたしたちの興味にふれることでしょうか。それがわたしたちと何のかかわりがあるというのでしょう。わたしたちが聖書を読んで考えをめぐらせるのは、聖書がわたしたちに何ごとかを語りかけるものだからではないでしょうか。

しかし、聖書の本文から聴くといっても、人は自分が聴きたいことだけを聴くものだ、というのもたしかに事実です。そういう聴き方の人は言うでしょう。聖書はわたしたちを慰め、励まし、わたしたちの魂を活かすものでなければならないはずだ。わたしたちの目に価値《あたい》高く、わたしたちを力づけるものであるはずだ……。

それなのに、道徳に満たないこと、どこにでもある家族の軋轢《あつれき》のことが、こんなにもたくさん書かれているのはなぜでしょうか。二人の兄弟が、まるでスポットライトを当てられた小さな舞台の上にでもいるかのように、あまりに人間臭い諍《いさか》いを演じているのです。しかも、これはまったく疑うべくもないことですが、このヤコブとともにイスラエルの歴史がこれから展開していくはずなのです。ええ、もしわたしたちが、ただ建徳的なもの、力強く働きかけてくれるもの、美しいもの、そしてわたしたちにとって心地よいものにばかり耳を傾けたいと考えているのなら、わたしたちはただちに聖書に見切りをつけて、もっと道徳的な物語が載った退屈きわまりない本を作ればよいでしょう。

しかしながら、人生とはそういうものではないのであって、だからこそ聖書もまた、そういうものではありません。この生々しく現実的で、強烈な家族物語であるヤコブ物語には、そのことを気づかされるのです。ここでは兄弟の諍いだけが問題なのではありません。そこには競争があり、裏切りがあり、それらが、迫る死の脅かしへと導いていく……ほとんどミステリー小説の様相です。ここに始まる一連の説教は、この物語全体をあらゆる切り子面から追っていこうとするものです。ヤコブの逃亡から、欺瞞と従属の物語へと続き、それがヤコブの夢による驚くべき変転を経てついにようやくふたりの兄弟の和解に至るまで。しかもそのときにはこれが、神がその内で共に関わっている物語だと知らされるでしょう。

それだけではありません。この物語にかかわるのは二人の兄弟だけではないのです。これは、ふたりの自立した女性たち、レアとラケルの姉妹に関する物語でもあり、さらに、その父親でリベカの母方の伯父、ハラン出身の異国人ラバンも関係します。加えてイスラエルの十二部族が誕生し、それがいわば、言葉の本当の意味におけるパッチワーク・ファミリーを形成しているのです。もしも道徳主義者に多少嫌な印象を与えるとしても、この神の民は十二の異母兄弟によって構成されています。すなわち、二人の妻とジルパという名の側女によって生まれた十二兄弟です！　ですからこれは、ひとつのこの上なく活き活きとした家族物語なのです。家族を壊そうとするすべての人（昨今では珍しくなくなってしまいました）がまさにそうするのと同じように、純粋な家族の理想を高く掲げる人もみな、怒りを表すでしょう。しかしあらゆる取引と争いにもかかわらず、この大家族が共にひとつに保たれた結果、生き延びることは、続くヨセフ物語が印象深く示すところです。

じっくり耳を傾けるなら、ヤコブ物語はいつもわたしたちを、不感症のモラルがもたらす浅い眠りから、荒っぽくも目覚めさせてくれるでしょう。これはひとつの家族の物語です。その内には、家族に関する〔後代の〕物語のいくつかに見られるような主題がすでにあります。ドストエフスキー〔一八二一―一八八一年〕の小説『カラマーゾフの兄弟』のような、偉大な文学の家族物語を刺激した主題です。しかしまた、これがわたしたち自身の固有の家族物語をもこんなにも刺激し、同時に揺り動かすのです。これは、身近さと隔たりについての物語。バラバラであると同時に連帯していることについて。期待と失望について、愛と憎しみについて。一言でいえば、これは現実に即した熱情的な闘いの物語集なのです。しかしまた、人間だれもがその内にあり、やはり密接にかかわりをもたざるをえない物語でもあるのですから、そこにあっては本当に和解を成し遂げることになるのか、そうでなく悪い方向に向かってしまうのかが問われます。そこに小さな奇跡の数々が物語られると、神がかかわって共にいてくださることを求めるか否かの決定的な問いも投げかけられることになるのです。数々の家族物語はまさに小さな舞台であり、その上では集中的に、心ゆさぶる出来事が起こります。それらは他にも人々の間で実際に起こっていることなのです。

ですから、「この問題ばかりのヤコブがどのようにして聖書に入ってきたのか」という問いそのものがそもそも間違っていたのです。そのような問いが成り立つのは、神が道徳上の利益不利益を決める会計管理官であるかのように考えられているときだけです。他方聖書のヤコブ物語は、悲劇的だが幸福でもあるような人生の最も複雑な転換点においてこそ神について語ります。つまり、その転換点が、広い意味で、祝福にかかわるものだと語るのです。なぜ聖書の中に、この問題ばかりのヤコブの物語が存在するのか。それはこれが、耐え忍んでついに与えられた、いやなんとか戦い取ったひとつの祝福の物語だからです。ひとつの和解の物語、さらになお続く、わたしたちのもとにまで続く、ひとつの物語だからです。

まずはしかし、このスポットライトを当てられた舞台に、もっと近づいて観てみることにいたしましょう。父イサクは齢を重ね、ほとんど目も見えなくなるに及んで、最期が近いと感じるまでになっていました。身辺を整理しなければなりません。イサクにとって、心にふれる最も大事な存在となっていたのはエサウでしたが、ひょっとするとそれは、これが長子であるから、ただそれだけの理由によるのかもしれません。あるいはこの狩人エサウが美味しい獣肉を家に持ち帰ってくれるから、とも思われます。イサクは実においしい肉のラグーが大好きだったのです。つまるところ、イサクは父親として、エサウに父祖伝来の祝福を受け継いでもらいたいと考えていました。そこでこの息子を外にやり、獲物を仕留めて持ち帰らせ、祝宴を催すことができるように整えさせようとしたのです。ところがそこで、母リベカがそれを弟の方と、すなわちちかの生意気で抜け目ない、かつ手の速いヤコブと結託するのです。この類の家族紛争の火を燃やすガソリンは「贔屓《ひいき》」です。即座に彼女は言いました。「お父さんがエサウに完全な祝福を授けようとしているのを耳にしました」と。ところでここで祝福という言葉について、いくらか現代ふうに言い換えて、意味をわかりやすくしておいたほうがよいでしょうか。いわば家という会社の、すべての家族遺産のようなものなのですが、しかしこれではまだ事柄として狭すぎるようにも思います。それはもっと広い視野をもった遺産相続です。

ここですばらしいのが語り手の描写です。ヤコブが最初どのような躊躇をまだ示していたか、その母親がどのように彼をそそのかしたのか、ヤコブがついには承諾し、どのようにペテンの裏切り行為を遂行していったのか。そのなめらかな肌をもじゃもじゃの毛皮で覆い、その声色を変え、母親の整えた料理を食卓に供するそのいきさつ。こんなにも早く息子が獲物を仕留めてくるのはなんだかおかしいぞ、そう感じていた白髪の父をどのように欺いていったのか。そしてこのペテン師がどれほどあつかましく、イサクの質問に答えたか。彼は、神が獲物を道に放っていてくださったというのです。たしかに父親は、ヤコブの声がエサウのものでないと半ば気づきかけているようですが、それでも欺かれてしまいます。そうして誤った方に祝福を授けてしまうのです。……いや、あるいはこちらが正しい方だったのでしょうか。

じつに、ここでこの物語は、単純明快な答えにわたしたちが落ち着くことを許さないのです。物語は、苦労して獲物を狩り取って帰ってきた、かの長男エサウの驚愕に全面的な共観を覚えさせます。エサウは今や、直面しなければなりません。この裏切りの兄弟が自分をふたたび下劣なやり方でだまし、すべてを持ち去ってしまった……。こうしてまったく明らかになったことがあります。それは、あの裏切り者は決して後光のさしたような人物ではなく、その行為は決して正当化されないということです。この物語には情け容赦のない現実主義が刻み込まれています。その上で、この話が疑いを挟む余地なく示すのは、このような中での祝福の行為が、もっと大きな射程範囲をもっているということです。上品で象徴的なしるしの行為と、つぶやくような儀式的文言のいくつかが問題なのではなく、現実が問題であるがゆえに、この物語は生まれたのです。現実というものは、簡単に起こらなかったことにできるようなものではありません。人間的な決断の数々には、結果が伴います。驚愕のうちに発せられた、「お父さん、ではあなたには、祝福はたった一つしかないのですか」というエサウの問いに対して、物語は明確な答えを与えています。そうだ、たったひとつだけなのだ、と。聖書の世界にとって、祝福とは決して「無視できるほどの量〔Quantité négligeable〕」にすぎないものではなく、むしろまったく根幹をなすもの。実際的に生命の活力にかかわり、人が自由に処理することはできないものなのです。イサクは第二の祝福を決して持たない。まことに情け容赦のない現実主義だと言わなければなりません。

　しかしながらこの物語は、エサウをただ単に犠牲者として描くことについては、際立った躊躇を示しています。エサウとヤコブとが絡み合うとき、多くの場合に次のことが仄めかされるのです。つまり、良きエサウは、確かに長子ではあるものの、この民を導いてゆくことのできる唯一のものではないのだと。そうなのです、みなさんもおわかりのとおり、わたしはここに、わたしたちに一般的となっている道徳観に反対する、何かしら現実主義的なものを読み取っています。だれもが生まれたときの定めに従って役割を果たすことができるわけではない。だれもが生まれ出た場所で必要とされる才能をもっているわけでもない。次のような人間の悲劇的な物語があります。すなわち誤った場所に生まれ育ち、あるいは誤った仕事の場にいなければならないような人々の悲劇。そうでなければしっかりと立つことができたはずの場所で他人に妨害された人々の悲劇。そのような悲劇が、ここでも物語られているのです。ヤコブは単なる裏切り者のペテン師ではない、そのことは後々明らかとなってまいります。彼には、その道徳的な問題にもかかわらず、賜物があります。そして彼は、神による委託を受けた者、選ばれた者であったのです。神が彼と共に働かれます。もちろん、かの裏切り行為を神ご自身による企みと考えなければならない、などと言うのでは決してありません。この物語には、エサウの赤裸々な驚愕の姿がかくも力強く、目に見えて浮き上がるように描写されているのです。裏切りは裏切りのまま残ります。新たに神学的に解釈しなおす試みがありますが、そのような意味付けは、何であれこの理解の脇に置かれるべきでしょう。

早急なモラルは、しかし、いつも清く麗しく、人間を善と悪に配分しようとするものです。事柄はそんなに簡単なものではない。すでにこの諍いの背景にあることをみれば、それは明らかです。弟の敏速さに兄の無骨さといった、まったく異なった活力のありようや、両親イサクとリベカの間の意識下の小競り合いなど……。これらすべてが絡み合っていることは、あらゆる家の物語にあってもそうであるのと同じです。まさにわたしたちの歴史物語が複雑であるのとまったく同じあり方で、ここにある物語も複雑なのです。

ここで、あまりに単純な神学的道徳的意味づけに手を伸ばすよりも、もっと賢いあり方は、わたしにとってこれがどのような意味をもつのかと、問うことではないでしょうか。わたしはヤコブの位置にいるのか、それともエサウの？　もしや、あの父親や母親の位置にいるのではないか。わたしもまたあの父親のように疑いを押し殺し、諍いを惹き起こすことに加担してしまうだろうか。かの食事が実においしそうな香りを放つとき、わたしはどうするだろうか。聖書に記されたこの物語にあってとくに印象的な場所はベテルです。そこでヤコブは、その道徳的な分裂状態にもかかわらず夢を見て、道徳的な非を責められるよりもむしろ、新しい展望を与えられ、真実の祝福を賜物として受けるのです。そこから彼は自らの人生を変化させてゆきます。ここから神が俳優として舞台に登場するのです！　さらにその後、もう一度、ヤコブがヤボクの河原で、ある暗がりの姿と格闘しなければならず、そうして自らの物語の暗闇と現実的に向き合わなければばならなくなったとき、その時ヤコブは、本当の意味で祝福をかけて戦わなければならなくなります！　これはしかし、わたしたちの聴く歌物語としてはなお先に控える旋律《メロディー》です。

まず何にも先立って、実に大切なこととして耳に響くこと。それは、神もまた分裂ぎみの人間を目の前にして、こんな人間と共に事に取り掛かろうとしておられるということです。わたしたちがまさにそうであるように、いや、もしやもう少し酷いかもしれないし、そうでないかもしれませんが、こんなにも曖昧な人間と神が共に歩まれるというのです！

裏切りペテンは正当化されません。しかしこの人間は、聖書的に徹底的《ラディカル》なあり方で、まさにありのままに、真直ぐの道も曲がりくねった道も通りながら、才能も欠けも相伴《あいともな》う人間として、しかも神が共にひとつの道を歩みゆこうとされるそのような人間として、描き出されるのです。同じように、まさにこんなわたしたちとも神は共にいてくださるのだ、ということをさし示しながら。

神の人間性、それこそ、イエスが常に、くり返し、活き活きと示してこられたものです。たとえ、敬虔な、きわめて道徳的な人々が、頭を振ってこれを侮辱したとしても。そのような社会にあって、心動かされた者たちがいたではありませんか。裏切り者と呼ばれた、かの徴税人たちや娼婦たちのような、軽蔑されていた人々です。イエスは彼らと共に生活なさいました。そう、そうなのです、神はだれからもその自由を奪うことはなさいません。むしろ、自由な人間をお求めになるのです、本当に自由な人間を。神は、この自由を生き、人生が本当に輝きだすことを求めるあらゆる人間に歩み寄ってこられます。これが聖書の現実主義であり、それは、道徳という刃《やいば》で切り裂くことなどだれにも許されないものです。本当に情け容赦のないことですが、この現実によるならば、だれもが神の祝福を身に受けるために、チャンスを与えられることになります。

ヤコブにかかわる神の祝福が、同時にこの物語の中で、エサウにもかかわることは自ずと示されてゆきます。したがって、イサクがただ一つの祝福しか授けることができなかったということは正しい。しかし、神こそは、よりたくさんの祝福をたしかに持っておられるのです。

アーメン

（二〇〇七年一月十四日）

＊ここで「讃美歌」とは、RG《エルゲー》と呼ばれる『ドイツ語圏スイス福音主義改革派教会讃美歌集』（Gesangbuch der Evangelisch-reformierten Kirchen der deutschsprachigen Schweiz, Basel, Zürich, 1998）をさす。その九八番の詩は、一六五三年パウル・ゲルハルト〔一六〇七－一六七六年〕が詩編一四六編に基づき作ったものである。

あなたとあなたに続く者によって地上のすべての種族が祝福を得る

ヤコブはベエル・シェバを立ってハランへ向かった。とある場所に来たとき、日が沈んだので、そこで一夜を過ごすことにした。ヤコブはその場所にあった石をひとつ取って枕にして、その場所に横たわった。するとき、彼は夢を見た。先端が天まで達する階段が地に向かって伸びており、しかも、神の御使いたちがそれを上ったり下ったりしていた。見よ、主が傍らに立って言われた。

「わたしは、あなたの父祖アブラハムの神、イサクの神、主である。あなたが今横たわっているこの土地を、あなたとあなたの子孫に与える。あなたの子孫は大地の砂粒のように多くなり、西へ、東へ、北へ、南へと広がっていくであろう。地上の氏族はすべて、あなたとあなたの子孫によって祝福に入る。見よ、わたしはあなたと共にいる。あなたがどこへ行っても、わたしはあなたを守り、必ずこの土地に連れ帰る。わたしは、あなたに約束したことを果たすまで決して見捨てない。」

ヤコブは眠りから覚めて言った。

「まことに主がこの場所におられるのに、わたしは知らなかった。」

そして、恐れおののいて言った。

「ここは、なんと畏れ多い場所だろう。これはまさしく神の家である。そうだ、ここは天の門だ。」ヤコブは次の朝早く起きて、枕にしていた石を取り、それを記念碑として立て、先端に油を注いで、その場所をベテル（神の家）と名付けた。ちなみに、その町の名はかつてルズと呼ばれていた。

（創世記二八・一〇―一九）

親愛なる礼拝共同体《ゲマインデ》のみなさん

天《てん》にのびる階段、天《あめ》に架かる梯子《はしご》に関するヤコブの夢には、芸術家たちを惹きつけてやまない大きな力があります。これほどにすばらしいモチーフがあるでしょうか？ ヤコブは地面に横たわり、その頭は一個の硬い石の上。眠りに、その深みに沈みゆく一夜です。だがそこで、この眠れる者の上空に夜半《やはん》の天がうち開かれ、ひとつの階段、あるいは梯子《はしご》か、それが天地の間を奇《くす》しくも取り結ぶのです。そう、それは神とヤコブの間を結ぶもの。そのために、御使《みつか》いたちがのぼり、またくだります。ひとりの人間への神の語りかけが、その人生に決定的な転換をもたらす。この体験について、より力強くて濃密なイメージを夢想することなど、みなさん、できるものでしょうか。

眠れる人、開かれた天、そして梯子をゆきかう天使たち……。いやしかし、絵に描いたようだと思われる、まさにそのときにこそ、このモチーフには危険も横たわっていると言うべきなのかもしれません。ほとんどもう月明かりのロマンティックな夜のように、すべての場面《シーン》をきわめて牧歌ふうに思い描いてしまう危険です。

わたしが目にしたうちで、もっとも著しいところでは、アヴィニョンのプティ・パレ美術館所蔵の、ニコラ・ディープル〔一四九五—一五三一年にアヴィニョンで活動〕によるルネサンス期の絵画があります。上品《エレガント》な白を着こなしたヤコブが落ち着いた様子で横たわる。白い頭巾でまもられ、かつ右手に支えられているので、その頭は堅い石の上でもふわりと置かれているような状態です。もう一方の手で彼は、明るめの、一本の長い杖を持っているのですが、体の線に沿って抱

きかかえられたこの杖は、ゆったりと地平線をたどるものでもあります。端整な顔立ちと、半ば閉じかかった両目が、穏やかに天に向けられている。その天に、ちょうどヤコブの背景にあたる場所から、地平線に対して垂直に突き出したまっすぐな梯子が伸びています。真っ白な雲に覆われたその天に、順序正しくひとりまたひとり、やはり白装束の五人の天使たちが登ってゆくのです。「こんな風によじ登っていかなければならない彼らに、どうしてあんなにも大きな、素晴らしい羽

根が生えているのだろう」と問わずにはいられません。それから一番上では、神の姿さえ見ることができます。

牧歌的な風景、調和した色彩、美しく澄み渡り、穏やかな動きの流れ……。しかし、どうでしょうか、敬愛するみなさん、このイメージは、じつにヤコブ物語の本文や構成を完全に無視していると言わなければなりません！　本当のところ、ここには安心しきった夢想家など横たわってはいないはずです。そうでなく、ここにいるのはひとりの心騒ぐ男、死ぬほどの疲れを覚えて伏す者なのです。屋根なし・宿なし、言葉そのままの意味のホームレス、生きるか死ぬかの瀬戸際にある家なき子なのです。

まったく別の描き方をし、したがってより的確であると思われるのは、きわだって注意深い聖書の読み手であり解釈者であったレンブラント（一六〇六―一六六九年）の絵です。一六四四年、彼はこの場面を一枚のペン画に描き出しました。ヤコブは横向きで、明らかに窮屈な様子で横たわっています。重々しい眠りに沈みゆく一夜です。もの思いにふけるその顔は、閉じられた両目とともに、緊張と不安と疲労困憊の色を映します。かの梯子はただ暗示されるばかり。ひとり大きく描かれた天使が傍らに立ち、ヤコブを護るかのようにその手をかざしています。ヤコブの上

方には、さらに二人の小さな天使たちもいます。

それにしてもこの描写は、ヤコブの置かれた状況を鋭く、的確に表すものです。自ら惹き起こしたゴタゴタを前に逃げ出してきた彼。状況がその表情に見て取れます。双子の兄エサウから、まずは最高に利己的な方法で言いくるめる形で「長子の権利」を取り、ついには厚顔無恥な詐欺行為によって「長子の祝福」さえ横取りしてしまったのです。このことについては前回の説教でご一緒に考えました。度を過ごしてしまった彼は、いまや自分を殺そうとする実の兄から逃れなければなりません。ひどいしかたで自ら惹き起こしてしまったことを、いまになってようやく埋め合わせなければならないことに気づきました。万策尽きて途方にくれるひとりの惨めなペテン師です。

レンブラントの絵は全体として何とも感動的なところがあります。とくに心揺さぶられるのは、ここに描かれている対照的な姿です。不安に満ちた面持《おももち》のひとりの孤独な眠り人と、その傍らと上方で優しく寄り添う天使たち。この対照こそヤコブ物語の展開に適ったものであり、ここから物語が紡ぎだされます。

ここで、ヤコブの立場に少しだけでも身を置いて自問してみるとよいでしょう。「自ら招いたゴタゴタから逃げ出したペテン師のお尋ね者に、いったいどんな夢を見ることがあろう」と。するると否応なしに考えざるをえないでしょう。「ヤコブはおそらくぞっとするような悪夢を見るに違いない！」。たとえば、怒りに燃える双子の兄エサウが、責めさいなむスローモーションで追い迫り、あの脅迫の言葉を行動に移そうとする、そのような悪夢。あるいは地面に貼りついて逃れられなくなってしまうような悪夢が、彼を苦しめるに違いありません。驚愕の一刻一刻が、終わりのないものに思われます。

だがしかし、ヤコブ物語はひとつの神の物語です。そのような物語に開かれた心をもち、神が現在しておられることを真摯に受け止めることができる人には、驚くような、予期しない出来事が起こるものです。こうして今まさに、本当に驚くべきことがこの物語にも確かめられます。ヤコブが、まっすぐ自分の足もとにまで達するあの天の階段の夢を見る。そこに、のぼりくだりする天使を見るのです。そうです、不安に満ちた悪夢などではありません。そこで彼は、輝く未来を約束するひとつの声を耳にします。

「わたしは、あなたの父祖アブラハムの神、イサクの神、主である。あなたが今横たわっているこの土地を、あなたとあなたの子孫に与える。あなたの子孫は大地の砂粒のように多くなり……。」

そのとき不思議に駆られて目を覚まし、目をこすって頭をふりながら、ヤコブはどのように言ったでしょう。「夢か、泡《あぶく》のようなものだ」……いや、そうではありませんでした。じつにヤコブはこう言ったのです。「**まことに主がこの場所におられるのに、わたしは知らなかった**」と。そして、彼は「**恐れおののいた**」のでした。

さて、ひるがえってわたしたちは、心理学が言うところの「生半可な教養」〔「半教養

（Halbbildung）」。Th・W・アドルノが、表層的で利己的な教養主義を批判し「無教養より悪い」ものとして用いた概念〕をもって、賢そうな顔をつくったら、こう言いましょうか。「なんと図々しいことだ。端《はな》から肘《エルボー》を使った反則技で優勢のボクシングをし、実の兄をひどく欺いた男が、事がうまく運べなくなった途端に神の約束などと言って夢想する。古典的な『（自己）投影〔Projektion〕』、心理学が言うところの〈願望充足〉というやつではないか！　しかるべく我が身を省み、悔い改めをなすかわりに、あるいは少なくとも自分の狂った道徳意識をチクリとでも刺して反省するかわりに、彼は極端で大それた将来に酔って、都合よく夢を見ているのだ」。

　いやしかし、器用で、頭の回転が速く、非情な行為に走ったあのヤコブが、初めてあの声を（起きていようが寝ていようがいずれにしろ耳にしたことのない、まったく異質なあの声を）聞いて、こころ揺さぶられたのです。彼は突き動かされました。ひた走って道に迷っていたヤコブ、祝福と未来をペテンによって確かなものにしようとし、結局自分と自分の家族に不幸をもたらしたこの人が、あの神の約束に突き動かされたのです。彼はその声を信じ、その言葉に信頼を寄せて言います。「そうだ、ほとんど信じがたいことだが、神がわたしを突き動かそうとなさっているのだ。それだけではなく、わたしを用いて何事かを果たそうとなさっている。この声はわたしの生み出した声ではなく、また、わたしだけを守ろうとする声でもない。**『地上の氏族はすべて、あなたとあなたの子孫によって祝福に入る。見よ、わたしはあなたと共にいる。あなたがどこへ行っても、わたしはあなたを守る**』。」ヤコブは実際、今なお純真無垢だとは言えないかもしれません。しかし、以前は神さえも詐欺のために利用したこの人が、今やその声に信頼を寄せているというのです！

ひるがえってわたしたちはどうでしょう？　しかるべく道徳的に身を立ててきた者なら、多分いくらか訝《いぶか》しがり、あるいはすっかり憤慨してしまうかもしれません。「いったいどうして、神の言葉がまず第一に、あの不義の取引とペテン行為に対して語られないのか？　なぜ、このヤコブが、まずは一度正しく厳しく叱られて、その実存すべてが壊れてしまっているという実態を突きつけられる、ということがないのか？」。さて、どのような宗教の信仰にもまったく不可分に結び付いているはずの倫理的な次元に関して、わたしは皮肉を込めた説明をしていますが、もしやわたしは、もっと丁寧に取り扱わなければならないこの問題について、軽率に語りすぎているでしょうか。

ヤコブはこの夢によって、ただちに自らの行いがもたらしたあの困難な帰結から解放されるわけではありません。手に入れ、与えられたはずの祝福をめぐって、彼はもう一度格闘しなければならないのです。しかし、神の約束はすべての人に当てはまるのであって、同じことがヤコブにも言えるのです。生来のペテン師などひとりもいない。ですから、道徳倫理の問題については、よほど綿密に、そして慎重に取り組んでいかなければなりません。倫理は自己吟味のために奉仕すべきものであり、他者に向けられる武器としてはなりません。もしわたしたちが、このヤコブとエサウの物語を注意深く追うのなら、その内に見出されるのは健全な現実主義であり、同時にまた、人間性そのものです。人間らしさを知ること、それは、存在の悲劇的な側面を知ることでもあります。年上のエサウは、ちょっとばかり粗野で、また遅鈍なところがありました。長男であることに疑いはないのですが、それでも言わなければならないことは、実際彼はひとつの民を導く賜物をもってはいなかっただろう、ということです。ひょっとすると、すでに年老いていた父親だって、エサウの弱さとヤコブの力強さに何となく気づいていたのではないでしょうか。しかし、彼は古い慣習を変える勇気を持ち合わせてはいませんでした。そこでおそらく、目覚めて実情を見極めていた母親が、最愛のヤコブの賜物に気づかない夫イサクに気をもむことになったのです。獣料理を食べることがあれほど好きな夫のことだから、今日にも狩人エサウを祝福し、共にすべてを明け渡してしまうことでしょう。母親としてはどんな犠牲を払ってでも何とかしたい、場合によっては詐欺行為をもってでも……。年少だが才能あふれて敏捷な、双子の兄よりも思い切ったところのあったヤコブが、それでもなお尻込みしたことは事実です。しかし、ついにこの人も同意しました。ただ年上だからという理由だけでエサウがすべてを受け継ぐことに不公平を感じざるをえなかったのでしょう。

さあ、いかがでしょう。聖書は人生をありのままに受け止めており、わたしたちに冷笑的な態度で何事か説いて吹き込むようなことはありません。聖書の神は言われます。「生まれながらのペテン師などひとりもいない。生来の犯罪者などいないのだ」と。だれもがその自由と、力と、天分とをもって直面する良いことと悪いことに対して、為すべきことを為すのです。しかし、誰にでも神との未来がある。聖書の神は、このダイナミクス〔力動的な視座〕に関心を持ち、造られた者たちがどのように育ってゆくかを興味をもってみておられます。その広い次元全体に関わる言葉として、「祝福」という語があるのです。聖書のあらゆる物語、あらゆる神の御業にとって核となる概念が、この「祝福」という語です。とりわけヤコブ物語にとって、これこそが中心概念だと言えるでしょう。

この図々しい若者ヤコブは、父の祝福とともに、神の祝福をも求めることになります。今度はそう首尾よくはいかないでしょう。神は、祝福を簡単にだまし取られるような方ではないからです。ペテンから生じたエサウとヤコブの間の争いという現実が覆い隠されるようなことはありませんが、現実が神との関係を支配することはありません。神はご自身の祝福をヤコブにお語りになります。それによって、神は自由に、直接的に、何事かの意志を果たそうとなさるのです。これが、ヤコブの夢のじつに素晴らしい帰結となります。神は、このようにして、心目覚めたヤコブのような人を必要とされるのだ。ヤコブもまた、ただ夢に見たそれだけかもしれないこの事を、信じることができる人でした。じつにそれが、彼の人生を根本から変えることになるのです。この観点から、ヤコブは異郷での修業期間を生き抜き、その後、兄のエサウとの和解を求めることになります。こうしてヤコブは、今やこれに続く神の歴史において、重要な人物とされてゆくのです。

敬愛するみなさん、これが、人間への近しい思いに溢れる麗しき聖書の基本証言です。もう一度強調されるべきでしょうか。ヤコブは、決して単なるペテン師ではありませんでした。そうではなく、わたしたちの誰もがそうであるように、この人はひとりのアンビヴァレントな〔相反する価値を同時に含んだ〕両面を抱えた存在、天分と弱さを同時にもったひとりの人間だったのです。神はしかし、ヤコブに対し、その強みの部分をご覧になりながら語りかけます。すなわち、良い未来を求めるその強い意志を。約束と祝福の言葉への信頼にもとづく大胆さを。神は、この逆説的な介入をもって彼を連れ戻そうとなさるのです。

これが、神の祝福のダイナミクスです。これを、人が自由に抜き差しすることはできない。金銭で確保することも、策略や戦略をこねて獲得するもできない。なぜなら、それは個々それぞれに、その力と天分に応じつつ関わり、しかも同時にすべての者に共に益するように方向付けられている生命の力だからです。

さらにこれが、祝福の階段、あるいは祝福の梯子が天地の間を結ぶときの接点でもあります。神の御使いが祝福をともなってのぼってはくだるところ。そこで、わたしたちは自問することができるでしょう。「わたしたちは、この神の使信《メッセージ》に対する準備が本当にできているだろうか。ここから始まるあのダイナミクスに向かう備えがあるかどうか。語りかけがあったとき、わたしたちはヤコブのように真摯に耳を傾けるだろうか。『夢か、泡《あぶく》のようなものだ』などと言って一笑に付してしまわないだろうか。ひとりのヤコブ、あるいはヤコベア〔ヤコブをあえて女性形にした名前〕を目撃したとき、その者たちが本当に神のみ言葉を聞き分けた者たちであり、今まさに本当に新しい命の道へと踏み出そうとしていることを信じて、これを認めることができるだろうか。あるいはそのような者たちが、さらに雄々しく踏み出してゆくために、助けを差し伸べることさえしようと思うだろうか。むしろ彼らをそれぞれの過去に永遠にくぎづけにしてしまおうなどと考えはしないだろうか」。

これは、本当に良い使信です。みなさん想像してみてください。落伍した人生の物語を前にひきつりゆがんでしまっていた眠れる人ヤコブの顔つきが、とつぜんにほぐれ、眠りの内にありながら、とつぜん笑顔を見せています。じつに彼は今、天と結び付いた階段を、目の当たりにしているのです。想像してみてください。その後彼がどのように目覚めるかを。そう実際の目覚めの様子です。見たこと聴いたことは失われてしまいません。むしろ彼は言うでしょう。「まことに主がこの場所におられるのに、わたしは知らなかった。」と。このことを本当に心に留めるために、ヤコブはひとつの石碑を建てます。いくらか油を注ぎかけ、これを本当に重要な場所として、ベテル、《神《エル》の家》と名付けました。ほんとうに、彼は今、これまでとは異なる新しい道に踏み出したのです。

ポーランドの詩人アダム・ザガエフスキ〔一九四五年—〕の詩に、「三天使〔Drei Engel〕」という美しい題名のものがありますが、それは、次のように始まります。

道すがらとつぜん現る三天使
聖ゲオルク通りパン屋のとなり
「やれ社会学、またもや世論調査か」と　退屈男《ぐうたら》は吐息をこぼす
「いや違う」御使《みつか》いその一《いち》　寛容に説く
『わたしたちは　ただただ知りたいだけなのだ
今君たちの人生から何が生まれようとしているか
日月はどんな味わいか
どうして恐れと不安とが
君たちの夜《よ》につきまとうのか』

アーメン
（二〇〇七年一月二十八日）

見る―聞く―結ばれる―讃美する

主は、レアが疎んじられているのを見て彼女の胎を開かれたが、ラケルには子供ができなかった。レアは身ごもって男の子を産み、ルベンと名付けた。それは、彼女が、「主はわたしの苦しみを顧みて（ラア）くださった。これからは夫もわたしを愛してくれるにちがいない」と言ったからである。レアはまた身ごもって男の子を産み、「主はわたしが疎んじられていることを耳にされ（シャマ）、またこの子をも授けてくださった」と言って、シメオンと名付けた。レアはまた身ごもって男の子を産み、「これからはきっと、夫はわたしに結び付いて（ラベ）くれるだろう。夫のために三人も男の子を産んだのだから」と言った。そこで、その子をレビと名付けた。レアはまた身ごもって男の子を産み、「今度こそ主をほめたたえ（ヤダ）よう」と言った。そこで、その子をユダと名付けた。しばらく、彼女は子を産まなくなった。ラケルは、ヤコブとの間に子供ができないことが分かると、姉をねたむようになり、ヤコブに向かって、「わたしにもぜひ子供を与えてください。与えてくださらなければ、わたしは死にます」と言った。ヤコブは激しく怒って、言った。「わたしが神に代われると言うのか。お前の胎に子供を宿らせないのは神御自身なのだ。」

（創世記二九・三一―三〇・二）

親愛なる礼拝共同体《ゲマインデ》のみなさん

前回までのふたつの説教でわたしも用いた表現ですが、ヤコブの物語という言い方は曖昧であり、ほんとうのところ正しくありませんでした。たしかに、この族長物語におけるヤコブ像は、争いと和解、詐欺と祝福、人間の意志と神の導きに関するこの物語の中で、ひと筋の「赤い糸」となって全体を貫き結ぶものでした。しかしながら、この物語は「ひと筋の糸」にとどまらず、むしろさまざまなモチーフと人物像が深く編み込まれてできた「絨毯」のようだということが、今や明らかになってきます。女たちが、男たちとまったく同じように重要な登場人物として存在しているということ。そうです、本日わたしたちに与えられた聖書の箇所を丁寧に見ていくならば、そこでレアとラケルのふたりがともに登場し、生きた役割を果たしていることはまことに明らかです。このふたりとそれぞれの召し使いが十二人の息子を産み、そこからイスラエル諸部族が生じます。ここで今また気づかされることは、これが実際ひとつの民族史であるということですが、その歴史物語のうちに、イスラエル十二部族がまさに職人芸のように、「神の物語」を織りなすものとして見事に編み込まれていくのです。そこでこう言わなければならないでしょう。語り手は優れた仕事を果たしている。これはいわば文献の織物。美の極まる色鮮やかな絨毯。第一級の文献芸術作品《テクスト・アート》である、と。

わたしたちは思い起こします。敏捷で才能豊か、それでいて厚顔無恥なヤコブが、すこし鈍くてそれほど賢いほうでない双子の兄エサウへのごまかしによって、その長子の権利をめぐるすべてを奪い取ってしまいました。その帰結は勝利や享楽や利得ではなく、まずもって逃亡、よそ者としての生活であり、それに伴う困難の数々でした。それが、最初の説教で語られたとおりの、事の顚末でした。

こうしてヤコブが異郷の地ベテルで孤独に陥り、希望を失い疲れ果てて裸の地面に横たわり、眠りについたとき、彼は、世にも珍しい天の梯子の夢を見たのです。この夢にあって彼が受けたものは、道徳じみたお説教ではなく、自分の未来を新たに発見し、問題だらけの自分史から抜け出すことができるという新しい将来への展望でした。おそらくこれ以上に確かな神の現臨のしるしはないでしょう。そこでヤコブは夢の中で耳にするのです。「あなたから大いなる民が出る」と。この声を彼は神の声だと信じました。こう信じるためには、ヤコブほどの大胆な人間性が必要でした。わたしたち自身でしたら、夢を本当のこととして聞き、また見るなどということはできず、「夢など泡《あぶく》のようなもの」などと言って、古びた慣習の流れにまかせてただよう船から降りようともしないのではないでしょうか。ヤコブにあってはそうではありませんでした。夢がこの人の人生を変えた。これが、第二の説教で語られたとおりの、事の顚末でした。

いいえ、もはやヤコブに困窮と試練の時はもたらされない、というのでは決してありません。反対に、本当の意味で困窮と試練の時がここから始まることになるのです。けれどもヤコブはこの夢を神の約束と信じました。いざ、ハランへ、遠い親戚であるラバンの住む地への出発です。

ここで、もう最初の場面ですでに魔法のようなことが起こります。ヤコブが井戸のほとりでラバンの居所をたずねていたところ、まさにそのとき動物たちと共に水場にやって来たのがラバンの娘ラケルだったのです。たちまちヤコブの胸は高まり、熱くなります。美しいラケルに恋をしたのです。ラケルは、自分の父親でありヤコブの母方の伯父にあたるラバンのところへ彼を連れて行きました。そうしてまる一か月そこに滞在したヤコブは、ラバンと共に働くようになっていました。そんなある日、ラバンは彼に言います。「親族である君に、給料なしでさらに働いてもらうわけにはいかない。何を見返りに求めるか」と。そこでヤコブが望んだものは、言うまでもなく、ラバンの美しい娘ラケルでした。そこで、財産を持たない亡命者として花嫁を迎えるためには、七年間共に働くことがふさわしいとされ、約束が取り交わされました。持参金一般についてであれ、特別な結納金についてであれ、よく言われるように、なんといっても女性を価高いものと考える人の意識は際立っています。語り手がいかにも簡潔に、また痛快に報告しているとおり、この七年間は、ラケルを愛していたヤコブにはほんの数日のように感じられました。ここにすでに、時間感覚と愛の関係について、特別な相対性理論の片鱗があります。さあ、今やヤコブは愛するラケルを妻とし、帰郷しようと考えます。

ところが、際立って美しいラケルのほかに、ラバンにはレアという名前の娘がいました。レアはラケルほど美しくはありませんでした。レアの目がただ「つやのない（マットな）」ものだったのか、それとも少なくとも「優しい」ものではあったのか、翻訳者の間ではなお議論がなされています。いずれにしてもはっきりしていることは、ラケルがたいそう美しい人であったのに対して、レアはそれほどではなかったということです。いや、それでは不公平だと思われるかもしれません。しかしそのような不公平さはその他にも、現実に存在するものです。いずれにせよ、それが来るべき諍いの種となってしまいます。

ここで、外見の美よりもむしろ内面の価値こそが問題であるはずだとか、少なくとも語り手はその方向性を示唆していて、倫理的に注意を促すように、ピンと立てた人差し指が伸びているなどと考える人があるとすれば、それは思い違いです。ここでただただ語られていることは、ラケルの心を奪うような美しさについて、そして、ヤコブが何より一目でそれに惚れ込んでしまったということです。ですから、今日倫理的に穏当な解釈をしようとして、ここに男性的なものの見方や悪しき家父長制があるのだと言ってみたり、あるいはいくらか冷笑的《シニカル》な釈義をして、性的な衝動の力について語ってみたりするのですが、そのようなものは、わたしたちの物語のうちには一切見出せないのです。むしろ、聖書の語り手が芸術的な物語の絨毯を織りなしながらその内に示すのは、レアとラケルの人生で、必ずしも一方的に美しいラケルにばかり良いチャンスが割り当てられたわけではないということです。ラバンは、自分の娘であるレアの運命に責任を感じていました。そこで彼は、盛大な結婚の祝宴の際、まずそれほど美しくはない娘レアに花嫁をすり替えて、ヤコブに引き渡しました。ペテン師ヤコブには不利益なこの隠された詐欺行為は、あるいは法的な従順からなされたともいわれますが、いずれにせよこれを、ベール状のもので顔を覆うオリエントの習慣が（おそらくはアルコールと一緒になって）助けたのでしょう。ヤコブが翌朝目覚めると、新婚の寝床に、美しいラケルのかわりにその姉のレアを見出したのです。起きてしまったことをなかったことにするのは、当時の法では不可能でした。しかし、ヤコブが憤慨してラバンを問い詰めた結果、互いの間にひとつ示談が成立します。もしヤコブが、さらになお七年間ラバンのもとで働くならば、ただちにラケルも妻として娶るものとする、と。ヤコブはそれに同意しました。

さあ、物語はここにきて、例の十二人の息子たちについて語り出します。イスラエルの十二部族にその名を残す子どもたちの誕生です。職人技ともいうべきすばらしい語り口で、レアとラケルのふたりの母親たちの活力に満ちた競い合いのことが、ふたりの召し使いジルパとビルハのそれと絡み合って語られます。それらが、複雑なお話の織物に結ばれひとつとされていくのです。その中で、十二部族の父たちが生まれた次第と、一人ひとりが負う名前の命名の経緯が説明されてゆきます。

このお話においても、ピンと立った人差し指のモラルは見出せません。しかし、人の道理のようなもの、つまりあらゆる諍いと追い抜き・追い越される競争にあっても互いの緊密な関係性に生きなければならないということについては、十分に示されるでしょう。

もちろんわたしたちはもっと素朴に、ここで語られていることは実際に起こった出来事だと想像することもできるでしょう。そのように想像することができる人は、祝福されてしかるべきです。しかし、事柄の真相にはさらに麗しいものがありそうです。

古代イスラエルの語り手の立場と課題に思いを寄せてみましょう。この人は、じつに雑多に寄せ集められたイスラエル十二部族を、そしてそれぞれに伝えられた旧い部族名を、目の前にしています。ルベン、シメオン、レビ、ユダ、ダン、ナフタリ、ガド、アシェル、イサカル、ゼブルン、ヨセフ、そしてベニヤミン。これらの諸部族の緊密な関係性を語り、互いの諍いをも描写して、しかもそこから意味深い何事かを示すのでなければならない！ そのようにして物語るという、なんとも難しい課題がここにあったのだということが明らかになります。そのように読み返してみると、この語り手によって、なんと芸術的に物語が紡ぎ出されていることかと気づかされます。この課題は、複雑なクロスワードパズルの制作の課題に比べることもできるでしょうか。つまりそれぞれすべての名前が何らかの関係に意味深く結ばれ、ついに全体として、ひとつの意味をもつ言葉、ひとつの物語を浮かび上がらせるのでなければならない。驚くべきことではないでしょうか。ここにすばらしく調和した物語が生み出されてあるのです。

さて、ヤコブはもちろんレアよりもラケルを愛しています。しかし、それで美しいラケルの結婚生活は順風満帆な凱旋行進のようなものになった、ということは全くなく、むしろその反対でした。軽視されていたレアが、まず力強く自分の優位を誇示することができる状況を恵まれます。次々に四人もの子どもを与えられたのです。ここで語り手がわたしたちに向かって伝えようとしていることは何でしょうか。ここで美がすべてを独占し、支配することはない。聖書的な感情移入に機知《ウィット》も織り交ぜて、語り手は見事にこう言ってのけるのです。「**主は、レアが疎んじられているのを見て彼女の胎を開かれたが、ラケルには子供ができなかった**」と。

そのようにしてレアは身ごもって最初の息子を産み、喜びに顔を輝かせてその子をルベンと名付けました。ヘブライ語で喜ばしく「見た」ということを意味し、あるいは、誇らしく「見て、男の子よ！」と言っているようにも聞こえます。幸いも不幸も知っているレアの言葉はこうでした。「**主はわたしの苦しみを顧みて**（ラア）**くださった。これからは夫もわたしを愛してくれるにちがいない**」！　ところがそうはうまくはこばないようです。というのも、すぐにまたレアは身重にならなければならなかったのですが、そこで生まれた部族名がまた意味深なのです。それはシメオン、「聞く」という意味のヘブライ語を含む名前です。レアは言います。「**主はわたしが疎んじられていることを耳にされ**（シャマ）、**またこの子をも授けてくださった**」。ところがやはり、ヤコブに対して二重に示したこの成果もまた、充分ではなかったようです。彼女は再び身重になり、レビを出産したのです。その名の語源は、「結びつく」とか「好意を示す・良しとする」という意味を響かせます。「**これからはきっと、夫はわたしに結び付いて**（ラベ）**くれるだろう。夫のために三人も男の子を産んだのだから**」。さらにもう一度彼女は妊娠し、四番めの息子を生んで、これをユダと名付けます。この聞き流すことなどできない名前からは、「ほめる」とか「讃える」という意味が響き渡ります。レアは言うのです。「**今度こそ主をほめたたえ**（ヤダ）**よ**

う」と。そうしてレアの出産は途切れました。

ほんの少しでも注意して読む者は、語り手によって考え抜かれたうえで、名前の意味の要素が芸術的に構成された形で置かれていることを見て取り、こう解き明かしていくことになるでしょう。ルベン＝神はわたしの悲惨を「見た」。シメオン＝わたしが疎んじられていることを神が「聞いた」。レビ＝ヤコブはついにわたしに「結び付く」だろう。ついに、レアはヤコブに固執するあり方から解き放たれて、神讃美に声を挙げるのです。ユダ＝主を「ほめたたえよう」！《見る―聞く―結ばれる―そして、神を讃美する》。印象深い生きた力動性（ダイナミクス）がここにあります。ここで最後に神讃美との関連で名づけられた最大の部族ユダ、その地には、都エルサレムと神殿とが置かれることになるでしょう。神の民の歴史にとって、かくも重要な地となるのがユダなのです。ユダという部族名から、民の名であるユダないしユダヤが派生します。この神の民は神讃美へと定められているという宗教的な自己理解にぴったりの名前です。そして、ユダヤ人であるナザレのイエスの系図を注意深く学んだことがあるものなら、（マタイによる福音書における）イエスに至る系統は、この神讃美を名に負うヤコブの息子、ユダにさかのぼるものなのだということに気づくでしょう。そうです、美しいラケルの子ではなく、それほど美しくはなかったレアの子にさかのぼるのです。「キリスト者」としてわたしたちもまたこの物語のうちにナザレのイエスをとおして受け入れられてゆきます。パウロがローマ人への手紙の中で、「異邦人が神をその憐れみのゆえにたたえるようになる」と言っていたとおりにです。

どれほどの人間、どれほどの神学がこの物語に捕らえられてきたことでしょう！　ラケルのように、勝ち誇ったような輝く美しさが確かに存在するとしても、それが人生の宝のすべてを勝ち取っているわけではない、という穏やかな告知。レアに対する冷遇が、信仰深いとは言い難い、燃え上がるような活力を生んでいくのですが、それが、神によって見られ（ルベン）、聞きとられ（シメオン）、良しとされ（レビ）たものとなり、ついには神讃美（ユダ）にまで導いてゆくのです。このような形で、祝福の線はさらに伸びてゆきます。物語全体はその祝福に関わるものであり、そこから使信が語られるのです。あらゆる詐欺やごまかしや人間の曲がりくねった道にもかかわらず、ついに神はご自分の被造物のために、すべてを善きにはからってくださるのだと。

さあ、今度はラケルの番です。つまり彼女は嫉妬にかられてヤコブに言うのです。「**わたしにもぜひ子供を与えてください。与えてくださらなければ、わたしは死にます**」。これにはヤコブも憤慨したので、いくらか不愛想な返事をかえします。「わたしが神に代われると言うのか。お前の胎に子供を宿らせないのは神御自身なのだ」。わたしはここで、まるで連載小説か連続ドラマのように、この緊張に満ちた場面でいったん話をやめることにいたします。さあ、この後どのような展開が待っているのでしょう。残る息子たち、ダン、ナフタリ、ガド、アシェル、イサカル、ゼブルン、ヨセフ、そして末のベニヤミンは、どのように生まれることになるのでしょうか。それがかなり込み入ったお話になる、という以上は漏らさないようにいたしましょう。ただ最後にこれだけは申し上げておきます。ヤコブはほんとうに神の位置に代わることはできない。

それは、続く物語に示されることになるように、神ご自身がこの位置に立って歩んでゆかれるからです。

アーメン

（二〇〇七年二月四日）

問題だらけ、ああ素晴らしきかな人間性

ラケルは、ヤコブとの間に子供ができないことが分かると、姉をねたむようになり、ヤコブに向かって、「わたしにもぜひ子供を与えてください。与えてくださらなければ、わたしは死にます」と言った。ヤコブは激しく怒って、言った。「わたしが神に代われると言うのか。お前の胎に子供を宿らせないのは神御自身なのだ。」ラケルは、「わたしの召し使いのビルハがいます。彼女のところに入ってください。彼女が子供を産み、わたしがその子を膝の上に迎えれば、彼女によってわたしも子供を持つことができます」と言った。ラケルはヤコブに召し使いビルハを側女として与えたので、ヤコブは彼女のところに入った。やがて、ビルハは身ごもってヤコブとの間に男の子を産んだ。そのときラケルは、「わたしの訴えを神は正しくお裁き（ディン）になり、わたしの願いを聞き入れ男の子を与えてくださった」と言った。そこで、彼女はその子をダンと名付けた。ラケルの召し使いビルハはまた身ごもって、ヤコブとの間に二人目の男の子を産んだ。そのときラケルは、「姉と死に物狂いの争いをして（ニフタル）、ついに勝った」と言って、その名をナフタリと名付けた。

レアも自分に子供ができなくなったのを知ると、自分の召し使いジルパをヤコブに側女として

与えたので、レアの召し使いジルパはヤコブとの間に男の子を産んだ。そのときレアは、「なんと幸運な〈ガド〉」と言って、その子をガドと名付けた。レアの召し使いジルパはヤコブとの間に二人目の男の子を産んだ。そのときレアは、「なんと幸せなこと〈アシェル〉か。娘たちはわたしを幸せ者と言うにちがいない」と言って、その子をアシェルと名付けた。

小麦の刈り入れのころ、ルベンは野原で恋なすびを見つけ、母レアのところへ持って来た。ラケルがレアに、「あなたの子供が取って来た恋なすびをわたしに分けてください」と言うと、レアは言った。「あなたは、わたしの夫を取っただけでは気が済まず、わたしの息子の恋なすびまで取ろうとするのですか。」「それでは、あなたの子供の恋なすびの代わりに、今夜あの人があなたと床を共にするようにしましょう」とラケルは答えた。夕方になり、ヤコブが野原から帰って来ると、レアは出迎えて言った。「あなたはわたしのところに来なければなりません。わたしは、息子の恋なすびであなたを雇ったのですから。」その夜、ヤコブはレアと寝た。神がレアの願いを聞き入れられたので、レアは身ごもってヤコブとの間に五人目の男の子を産んだ。そのときレアは、「わたしが召し使いを夫に与えたので、神はその報酬（サカル）をくださった」と言って、その子をイサカルと名付けた。レアはまた身ごもって、ヤコブとの間に六人目の男の子を産んだ。そのときレアは、「神がすばらしい贈り物をわたしにくださった。今度こそ、夫はわたしを尊敬してくれる（ザバル）でしょう。夫のために六人も男の子を産んだのだから」と言って、その子をゼブルンと名付けた。その後、レアは女の子を産み、その子をディナと名付けた。

しかし、神はラケルも御心に留め、彼女の願いを聞き入れその胎を開かれたので、ラケルは身ごもって男の子を産んだ。そのときラケルは、「神がわたしの恥をすすいでくださった」と言った。

彼女は、「主がわたしにもう一人男の子を加えてくださいますように（ヨセフ）」と願っていたので、その子をヨセフと名付けた。

（創世記三〇・一―二四）

親愛なる礼拝共同体《ゲマインデ》のみなさん

前回の説教で見たとおり、事の発端は一目惚れでした。ラバンの末の娘ラケルは誰もが心奪われるほどに美しい人で、ヤコブはただもう我を忘れて恋に落ちてしまったのです。そこに、娘を思うがゆえのラバンの詐欺行為が重なります。ラバンは、美しい妹と比べてそれほどチャンスに恵まれていなかった姉のレアのために、何かしてやりたいと思ったのです。じつにラバンは善意をもって、親戚のヤコブに娘のレアをいわばつかませたのですが、それによって争いの種が蒔かれたのでした。しかしながら、それでも折り合いをつけることはできました。ヤコブは美しいラケルのためなら、さらに七年間奉仕する心備えさえもちうるほどに、彼女を愛していました。そうしてヤコブはついにふたりの妻を得、さらにそれぞれがそれぞれに召し使いの女性を伴っていました。この二重婚は、しかし調和のとれたものに落ち着くことはなく、ヤコブはやはり愛する美しいラケルをひいきしましたので、一方のレアは疎んじられていると感じました。ところがここで、また違った不和の要因が生まれます。それほど見目麗しくないレアの側から、つぎつぎに男の子が生まれるという突然の実りがあったのです。さらに、芸術的な構成をもつこの物語にあって、後に部族名となる子どもたちの命名の経緯が、意図的にイスラエル十二部族に関する説明となっていることが、明らかとなってきます。子どもたちはそれぞれにそれぞれの母親から、深い意味をもつ名前を与えられました。《見た、聞いた、結ばれる、神を讃美する》。この四つの名のうちに、ひとつの力動性《ダイナミクス》が映しだされ、そこに、レア自身の解き放たれたような喜びが加えられます。神はわたしの悲惨をご覧になった——「見た」ルベンです。わたしが疎んじられていることを、神が耳にされたのだ——「聞かれた」というのがシメオン。そして、レビという名前の内に「結ばれる」という意味が響きわたり、レアは喜びに満たされます——さあ、これからはヤコブがわたしに結び付いてくれるだろう。そして、最後にユダ。この名には、讃美とほめたたえの響きが伴います。ここでついに、ヤコブをめぐるライバル意識ではなく、まっすぐな神讃美が彼女の中心にすえられることになるのです。「今度こそ主をほめたたえよう」。

いや、まだまだ十二部族のうちの最初の四つです。ここでわたしたちの物語は急角度に方向転換し、美しいラケルの嫉妬と怒りの様子を伝えます。「わたしにもぜひ子どもを与えてください。与えてくださらなければ、わたしは死にます！」。彼女はそう叫びますが、ヤコブはもちろん気分を害しました。ヤコブが責任を負わなければならないというのでしょうか。どうすることもできない彼は、ラケルに子どもを与えないのは神だと言いました。

　ここでいくらか古めかしい解決法が取られます。いや、どこか現代的なものにも通じるでしょうか。ラケルは自分の召し使いであるビルハをヤコブのもとに側女としてやるのです。当時の慣例法に従って、召し使いをとおして生まれた子どもは、ラケルの膝元で生まれた者、ラケルの子どもとみなされました。いわば、代理母です。このように生まれた子どもが、ラケルからダンという名を授かりました。そこから、「裁き／法」という単語を聞き取ることができます。「わたしの訴えを神は正しくお裁きになった」とラケルは言うのです。ビルハが再び身ごもり、男の子を生みますと、ラケルは今度はナフタリ、戦人《いくさびと》と名付けます。なぜなら彼女は、耐え抜いた戦いと思いを、神との関係の中でとらえていたからです。「神の戦い」をラケルは耐え抜いたのだというのです〔訳註　口語訳「激しい戦い」、新共同訳「死に物狂いの戦い」と訳されるが、原文では「ナフトゥレイ・エロヒーム」すなわち「神の戦い」（神との格闘）となっている〕。

　ここで展開があり、ふたたびレアのページが開かれます。今度はレアが自分の召し使いであるジルパをヤコブのもとにおくり、代理出産によって生まれた息子がガド、つまり「幸福」と名付けられました。さらにレアは、ジルパが生んだ二人めの子どもにアシェルと名付けていますが、この名からは、「幸いな子」という意味を聞き取ることができます。これで八人。この数を確かめたなら、物語がさらに新たな展開に入るとしても、驚かれることはないでしょう。しかし、ここでなんだか胡散臭くなってきます。惚れ薬とでもいいましょうか、恋なすび〔アルラウン。ラテン語でマンドレイクとも呼ばれる植物。その根の形態によって人間の姿に見えることから、不気味な力を伴うものとされ、催淫剤《さいいんざい》としての効能も信じられていた。ヘブライ語では「ドゥーダー」が見つかり、そのやり取りが問題となるのです。依然として優遇されているラケルは、この媚薬《びやく》と引き換えに、レアがヤコブと一夜を共にすることを認めます。赤面するか、感情を害することなしに、どうしてこんなお話に耳を傾けることができるでしょう。子どもを産むことで、これ以上ないほどに溢れる愛情を手に入れようとするラケルの願望があまりに烈しいものだったために、手段を選ばず、なりふり構わず希望を叶えようという行動に繋がったのだ。あるいはそうなのかもしれません。けれども結果としては、うまくいったとは言えませんでした。つまり、ラケルではなくレアの方が新たに身ごもった、しかも一度ならず、立て続けに三度も身ごもり、子どもを得たのです。九番めの子どもはイサカル。それはレアの大胆さが勝ち取った「報酬」という意味の名前です。十番めはゼブルン。「留まり続ける」という意味ですが、それは今やヤコブが彼女の傍らに留まってくれるだろうと考えられたからです。さらにレアは、ディナという名前の娘もひとり授かりました。

このレアの出産後に、そうです、ようやくここに至って神はラケルを御心に留め、その胎を開かれます。ラケルはひとりの男の子を出産しました。ラケルがまったく安堵したことを、ヨセフという名前に関する彼女の説明に聞き取ることができます。**ラケルは、「神がわたしの恥をすすいでくださった」と言った。彼女は、「主がわたしにもう一人男の子を加えてくださいますよう**

に（ヨセフ）」と願っていたので、その子をヨセフと名付けた。これで、待望・切望・希望と期待、たえず新たにされてきた望みが、無駄ではなくなったのです。ヨセフに関しては、また別にひとつの物語が書き遺されることになるでしょう。彼は、ラケルの秘蔵っ子でおそらくお母さん子であったと思いますが、なかなか立派な若者に成長し、後にエジプトにおいて、家族を飢饉から救うことになるのです。その後、遅れて生まれるベニヤミンが、十二という数字を満たすことになりますが、物語の中では、今しばらくその誕生を待つ必要があるでしょう。

敬愛するみなさん、これは、すばらしく色鮮やかに、かつ機知に富んだありようで語り継がれた物語です。いや、正直に申し上げましょう。同時になんとわたしたちを当惑させるお話が語られていることでしょうか！　わたしたちは戸惑います。というのも、そこにはわたしたち自身にも思い当たるところがあるような、人間的な、そう、あまりに人間的でいかがわしい多くの事柄が物語られているのです。しかも、そこから神の民とされたイスラエル十二部族の歴史が引き出されていくというのは、一体どういうことでしょう。まず当惑させられるのは、選びの民が、父ラバンの人間的な思いから生まれた詐欺行為の結果として、ふたりの母から生まれたということです。ヤコブを求めるレアとラケルが、出産競争をしなければならないということにも戸惑わざるをえません。あるいはまた、それぞれが代理母として召し使いの女性を駆り出すこと、ついにラケルはレアと恋なすびの取引にまで手を伸ばしてしまい、挙句の果てには神や神がかり的なことが、かくも人間的な愛と嫉妬と誕生の物語に関係づけられているのです。ラインホルト・クラウゼ博士、この人はナチ党に結び付いた「ドイツ・キリスト者」の大管区長官だった人ですが、彼は、自身の反セム主義を開陳し、次のように言いました。「旧約聖書を構成する、こんな『家畜商人と売春婦めいた者たちの物語』など、キリスト者の聖なる書物にふさわしいものではなく、教会は旧約聖書を切り捨て、そこから離れ去らなければならない！」と。この「ドイツ・キリスト者」の発言のような考え方は、今にはじまったものではありませんでした。この議論はすでに古代後期のマルキオンに遡り、それが十九世紀以降になって、ふたたび膨れ上がっていたのです。問題とされたのは、道徳にもとる旧約の神であり、これに多くの者たちが当惑したのです。ここに神の言葉などあるものか、と。

戸惑う必要のない、この上なく道徳的な聖書を、たくさんの者たちが求めました。いかがわしく人間臭いものではなく、ただ純粋で後光のさすような人物のみがそこに求められたのです。そのため彼らは、この上なく品行方正で、尊敬に値する人間（みなさんやわたしのような人間!?）のみが行き交う聖書を手に入れるべく、大掛かりな浄化の作業に取り組んだのです。そのような浄化の試みは、キリスト教においてばかりでなく、古代においても、中国の文化圏でも存在しました。多彩でしばしばいかがわしいものでさえあった歴史伝承の全体を、識者たちが、広範囲の道徳的な検閲の試みによって取り除いてしまおうとしたのです。

幸いにも（神の御加護で）そのような試みは成功しませんでした。すなわち、聖書の語り手はよくわかっていたのです。神の御業は人間のもとでの業であるということを。渇望と希望に捕らえられ、欺瞞と失望に囚われた人間のもと、光輝に満ちた人物などでは決してなく、あなたやわたしのような人間のもとで、神は御業を果たされるのです。わたしたちの物語の語り手は、十二部族の誕生に関して、この民族史の人間性を決して隠蔽してしまおうとはしません。なぜなら、きわめて人間くさい母親や父親たちの活き活きとした力動性《ダイナミクス》にこそ、民族史の核があるとみているからです。しかし、よくよく耳を傾けるときに聞こえてくることがあります。それは、この問題だらけの人間臭さのうちに、素晴らしい人間性もまた声をあげているということです。そこにこそ神は生きて働きたもうことに、語り手は一抹《いちまつ》の疑いももってはいません。ここでの原動力は、愛への渇望であり、単なる性的な欲情ではありません。ヤコブとラケルの愛がすべての始まりをなしていました。ラバンが気をもんだのは、レアを思うがゆえでした。彼女のためなら何でもしてやろうと思ったのです。子どもたちの名前に暗に示された意味の要点を明らかにするならば、そこには嘆きから希望へ、愛着へ、感謝へ、幸福へ、そして称賛への動きを見て取れます！

さらに、あるいはみなさんがとりわけ不快だと受け止めざるをえなかった事柄においてさえ、わたしは深い中核にふれるものを見ています。たしかに、わたしたちの物語の本筋となっているふたりの母とその召し使いによる出産競争、ヤコブをめぐる奪い合い、それと結び付いた重荷の不公平な分配、すべては一見不快なものであるかもしれません。「ああ、この典型的な父権社会のありようといったら！」。みなさんの中からそんな強い声が聞こえてくるようです。「しかもそれによって、特定の、選ばれた民族が定められていくなんて！　なんだかナショナリズム（国粋主義）の原形を見ているようではないか。そうだ、たしかNation（国家）は、nasci（生まれる）というラテン語と関わっていた。つまり、出生とか種族とか、血の共同性について語ることが、ナショナリズムに繋がったではないか」。そのような問いには、たしかに一理あるのです。

しかし、ここでわたしたちは、後代の感受性をもって古い本文を読み込み、それを検閲して誤りだとの評価をくだしてしまうようなことは、よほど注意しなければなりません。よくよく見てみましょう。この家父長制の時代背景の中で、ほとんど女性だけが活き活きと活動し、すべての物事を説き明かしてさえいるのです。すべての名前は、レアとラケルに由来します。ここで彼女たちが、神の民の歴史を決定づけているのです。そしてあらゆる人間臭い諍いにもかかわらず、そこには明瞭な一筋の線がのびていること、ひとつの声が響いていることを聞き取ることができます。ヤコブがレアを疎んじ、ラケルだけを愛そうとすると、神による是正が働き、レアが子どもを授かるのです。ラケルがさまざまな出来事を経てついには自暴自棄になったまさにそのときに、神は彼女を「御心に留められた」のです。もちろん、わたしはこれが物語性をもっているということを理解しているつもりです。保守的な陣営のように、逐語霊感的な考えをもってすべてを史実として受け止めるべきだなどといってしまうことは、おかしいと思っています。しかし、神が人間味あふれる中で働かれるということ、愛のうちに御業を行われ、虐げられた者や不安の中にある者たちのために生きておられるということ、そして、希望に満ちたすばらしい転換が人生にもたらされるときに、神による働きかけがあるということ、この物語のメッセージはここにあるのです。

懸念された問題、あるいは現実の宗教の問題でもある「ナショナリズム」に関して、その危険は、たしかにあらゆる召しの物語に横たわっています。けれども聖書をより深く読むときに気づかされるのです。召命というものは、常により偉大な義に向けての召しであり、十戒が告げ、預言が補う大いなる義の実現に向かうものだということを。この誕生の物語からわたしは、肯定的なものを聞き取ります。それは、人生に関わり、子から子へとつなげられていく命にかかわり、わたしたちの子どもたちにさえ至る歴史の存続にかかわる熱烈な意欲です。ひるがえって開かれた心で自分たちを見つめるとき、考えさせられはしないでしょうか。わたしたちの文化が、とくに政治家、識者、文化の担い手と呼ばれる人々が、しばしばこの生への熱情を肯定することをひそかに諦めてしまっているのではないか。この時代、おしなべて多くの者たちの固有の生命が、縮こまってしまっているように見えます。どうして、わたしたちは、自分たちの社会の家族という枠組みすら守ることができないのでしょうか。いや、このような批判のしかたでは、足元をすくわれて右寄りのイデオロギー的な文化批評にただ近づいてしまう恐れがあることはわかっています。より精確に申し上げましょう。神の民について聖書が語るときには、生物学的に純粋な民族というような考えにふけることは決してありません！　神の民とは、生命の守りと回復にかかわり、神と共に生きる将来を大事とする人と人とが相結《あいむす》ばれたものです。
したがって、将来に関するこの肯定的で、熱烈な展望が、ただ一個の特別な民族の子孫だけに集中するということは決してありません。私利私欲のエゴイズムは、ここから切り捨てなければなりません。どうか考えてみてください。キリスト教の歴史における家族像がどのようなものであったか。たとえば、子どもがいないというあり方はどのように受け止められてきたでしょうか。修道士や修道女、助祭や司祭、あるいは僧侶たちのあり方。この人たちは、「人類の家族」であるために、私的な家族を断念することによって、数えきれないほど多くのことを、日々他者に与えることができました。なによりも彼らはみな、神と一緒である未来を見据えていたのでした。神がわたしたち人間と一緒になってくださる、という意味が大事に受け止められていたのです。お高くとまっているのに、鬱々《うつうつ》として深い溝に囲まれた自分の家に閉じこもっているような、今日の愛国的文化人に見られる姿は、ここには見出せません。

親愛なるみなさん。愛と誕生の物語といえば、キリストの生誕物語もまた、多くの人々の耳に胡散臭く響いているもののひとつであるかもしれません。正式の結婚によらない処女《おとめ》によって生まれた子ども？　あの家畜小屋での誕生を照らす夜の明かり、それを取り囲む仲間たち、その非現実的なありよう！　しかし、ここでも語り手はよく心得ているのです。神の御業はわたしたちのモラルや論理に従って語り尽くされるものではなく、命の物語として、思いがけない状況で神の愛に捕らえられた人間たちの物語として語られなければならないということを。神ご自身が……そうなのです、誕生の物語の最も深い思想はここにあります。あの神ご自身が、わたしたちの人間性にかかわりを持ってくださり、ついに人となられたのです。神は、人間としての生命を、希望を、そして悲劇性を生き通されました。キリスト者の信仰によれば、その生き様が、真実の人間性（人道性、ヒューマニズム）を回復させたのです。

　人類の祖である父と母の物語から、イスラエルの歴史を貫く十二部族の物語を経て、クリスマスの生誕物語にいたり、弟子たちの物語に突入していく一筋の脈絡、それを今、わたしたちは活き活きと目の当たりにしています。ここに示されるもの、それこそが、神の未来への熱烈な招きであり導きにほかなりません。

アーメン

（二〇〇七年一二月十八日）

わたしたちの物語と神の物語

そのとき、ラバンは羊の毛を刈りに出かけていたので、ラケルは父の家の守り神の像を盗んだ。ヤコブもアラム人ラバンを欺いて、自分が逃げ去ることを悟られないようにした。ヤコブはこうして、すべての財産を持って逃げ出し、川を渡りギレアドの山地へ向かった。

ヤコブが逃げたことがラバンに知れたのは、三日目であった。ラバンは一族を率いて、七日の道のりを追いかけて行き、ギレアドの山地でヤコブに追いついたが、その夜夢の中で神は、アラム人ラバンのもとに来て言われた。「ヤコブを一切非難せぬよう、よく心に留めておきなさい。」ラバンがヤコブに追いついたとき、ヤコブは山の上に天幕を張っていたので、ラバンも一族と共にギレアドの山に天幕を張った。ラバンはヤコブに言った。「一体何ということをしたのか。わたしを欺き、しかも娘たちを戦争の捕虜のように駆り立てて行くとは。なぜ、こっそり逃げ出したりして、わたしをだましたのか。ひとこと言ってくれさえすれば、わたしは太鼓や竪琴で喜び歌って、送り出してやったものを。孫や娘たちに別れの口づけもさせないとは愚かなことをしたものだ。わたしはお前たちをひどい目に遭わせることもできるが、夕べ、お前たちの父の神が、『ヤコブを一切非難せぬよう、よく心に留めておきなさい』とわたしにお告げになった。父の家が恋しくて去るのなら、去ってもよい。しかし、なぜわたしの守り神を盗んだのか。」ヤコブはラバンに答えた。「わたしは、あなたが娘たちをわたしから奪い取るのではないかと思って恐れただけです。もし、あなたの守り神がだれかのところで見つかれば、その者を生かしてはおきません。我々一同の前で、わたしのところにあなたのものがあるかどうか調べて、取り戻してください。」ヤコブは、ラケルがそれを盗んでいたことを知らなかったのである。

そこで、ラバンはヤコブの天幕に入り、更にレアの天幕や二人の召し使いの天幕にも入って捜してみたが、見つからなかった。ラバンがレアの天幕を出てラケルの天幕に入ると、ラケルは既に守り神の像を取って、らくだの鞍の下に入れ、その上に座っていたので、ラバンは天幕の中をくまなく調べたが見つけることはできなかった。ラケルは父に言った。「お父さん、どうか悪く思わないでください。わたしは今、月のものがあるので立てません。」ラバンはなおも捜したが、守り神の像を見つけることはできなかった。ヤコブは怒ってラバンを責め、言い返した。

「わたしに何の背反、何の罪があって、わたしの後を追って来られたのですか。あなたはわたしの物を一つ残らず調べられましたが、あなたの家の物が一つでも見つかりましたか。それをここに出して、わたしの一族とあなたの一族の前に置き、わたしたち二人の間を、皆に裁いてもらおうではありませんか。この二十年間というもの、わたしはあなたのもとにいましたが、あなたの雌羊や雌山羊が子を産み損ねたことはありません。わたしは、あなたの群れの雄羊を食べたこともありません。野獣にかみ裂かれたものがあっても、あなたのところへ持って行かないで自分で償いました。昼であろうと夜であろうと、盗まれたものはみな弁償するようにあなたは要求しました。しかも、わたしはしばしば、昼は猛暑に夜は極寒に悩まされ、眠ることもできませんでした。この二十年間というもの、わたしはあなたの家で過ごしましたが、そのうち十四年はあなたの二人の娘のため、六年はあなたの家畜の群れのために働きました。しかも、あなたはわたしの報酬を十回も変えました。もし、わたしの父の神、アブラハムの神、イサクの畏れ敬う方がわたしの味方でなかったなら、あなたはきっと何も持たせずにわたしを追い出したことでしょう。神は、わたしの労苦と悩みを目に留められ、昨夜、あなたを諭されたのです。」ラバンは、ヤコブに答えた。「この娘たちはわたしの娘だ。この孫たちもわたしの孫だ。この家畜の群れもわたしの群れ、いや、お前の目の前にあるものはみなわたしのものだ。しかし、娘たちや娘たちが産んだ孫たちのために、もはや、手出しをしようとは思わない。さあ、これから、お前とわたしは契約を結ぼうではないか。そして、お前とわたしの間に何か証拠となるものを立てよう。」

（創世記三一・一九―四四）

親愛なる礼拝共同体《ゲマインデ》のみなさん

離別というもの、別れというものは、いつでも重たいものです。なぜならわたしたち人間は、言葉なり感情なりによって互いに結ばれているからです。いや、言葉と気持ちだけでなく、法的なものや経済的なものをとおしても、わたしたちは繋がっています。書面による約束の関係にはない場合でも、共に生き、あるいは共に働いてきたというだけで、かたい結びめがわたしたちを繋いでいるのです。しかし、ひとには自分の道を行かなければならない時があり、与えられた夢や課題を裏切ることができない状況があるものです。そのような時に別れが訪れます。ひょっとすると、それは完全な決別の重みをもったものとなるかもしれない。ヤコブにも、そのような状況が訪れました。

彼の波乱にみちた物語について、すでにさまざまな場面を追いかけてきたわたしたちは、良いところもあるが問題も多いひとりの人間としてのヤコブを知りました。固い意志をもち、敏捷で行動力のある知性の人でありながら、良心の呵責を知っているとは決して言えないヤコブ。たしかに、父親に詐欺行為を行った罪は、彼だけに帰することのできない面があります。不公平な出生の条件や道徳的な弱さ、それに親どうしの心の争いが結び付いて、複雑に絡み合った中で惹き起こされたことでした。このような状況については、わたしたちも自分たちのこととして、あるいは思い当たるところがあるのではないでしょうか。

それにしても、詐欺は詐欺です。ヤコブはこれによって危機的な状況に置かれ、逃亡しなければならなくなります。人生の絶望のどん底を経験することになるのです。そんなとき、ベテルで見た圧倒的な夢のなかで、神がヤコブに語りかけました。神はそこで新しい、大いなる未来を約束し、人生の使命と課題を与えます。この幻、この力添えをもって異国の地に入ったヤコブが、親戚のラバンのもとで長年の労働に従事し、その娘を愛して彼女のために奉仕したのです。レアとラケルとそれぞれの召し使いは、ヤコブに十一人の男児とひとりの女児を産みました。つまり、神の約束の物語は、一部ほんとうになりました。それだけではありません。ヤコブは著しく成功した山羊飼いまた羊飼いとして、裕福にもなりました。ただし、権力をもっていた親戚のラバンになお依存しており、その部族集団の枠内で共に働いていたにすぎないことは事実です。ヤコブは自由ではありませんでした。

本日の聖書箇所に先立つ章〔創世記三〇・二五以下〕で、ヨセフの出生後、ヤコブがしゅうとのラバンに「この地を去らせてほしい」とはっきり願い出た経緯が記されています。その際、ラバンも納得して別れることができるようヤコブから提案がなされました。ただし、最初はラバンの益となるように見えますが、蓋を開けると実は好都合ではない、というのがこの提案で、ヤコブという人はやはり抜けめのない商売人だったと思わされるところです。このお話については、またいつか特別に取り上げることにいたしましょう。

今日取り上げます三一章のはじめには、さまざまな争いにもかかわらずくり返し確認されてきたはずのラバンとの深い結び付きが、ついに壊れてしまったことがヤコブの目に明らかになった経緯が記されています。語り手は簡潔な一文で描写します。ラバンがヤコブに対して「**以前とは顔つきが変わった**〔二、五節。新共同訳では「**態度が変わった**」〕」ことにヤコブは気づいたのだ、と。確かに、人との関係とはそういうものでしょう。関係の変化は、表情の変化にあらわれます。視線のうごきに黒い影が落ちるとき、それがわかるのです。じつに、しばしば不満や妬みが燃料となり、対話が不十分であるがゆえに疑念が大きくなるとき、相手に対する低い評価や責任追及の思いが芽生え、燃え上がるのです。ラバンの子らは今や、自分の父親の良いものをヤコブが奪い取った、と訴えています。わたしはこの状況を鮮やかに想像することができます。不当な妬みがどのようにして芽生え、反発心にまで成長していったのか。この状況をヤコブはどのように感じているのか。ヤコブはついに、自分の道を行かなければならず、ラバンと別れなければならないことをさとります。物語もまた、ヤコブがその道に踏み出していくことに何の疑いも抱かせないようわたしたちにひとつの出来事を示します。つまり、神がヤコブへの祝福をここで更新するのです。ヤコブがどれほど長い間ラバンに縛られてきたか、そして、かつて何も持たない亡命者であったこの弱き者が、どれほど不公平な扱いをうけているか、神はつぶさにご覧になっているというのです。

おそらく恐怖から、あるいは法的な関係が極めてあいまいだったからでしょうか、頭に血ののぼったヤコブは密かに逃亡をはかることを決心し、レアとラケルにその計画を告げました。ヤコブが、二人の妻レアとラケル、そして召し使いや子どもたちを連れていくことが法的に許される立場にあったのかどうか、当時の氏族部族の法はその点明瞭ではありませんでした。どちらかといえば、許されない、というのが本当だったのでしょう。たしかにヤコブはふたりの妻を娶るために十四年以上も働いたのですが、それにもかかわらず、ラバンはその娘たちを相続の割り当てから除外してしまっていたのです。苦労して得た動産だって、ヤコブがこれを自分のものとすることがほんとうに可能なのかどうか。ラバンはこの点責任逃れをするかのようであり、発言は二転三転してきたのです。あるいはその判断が間違いかもしれないとしても、いまや頭に血ののぼったヤコブは大急ぎで逃亡に踏み出します。ラバンは、羊毛刈りの大祭に出かけており、身も心も外に向かっていました。そこでヤコブはこのチャンスをすかさずとらえ、自分の一族や動産、荷物を伴い、ついに逃げ出したのです。

美しいラケルもここで、ひとつの間違いを犯しました。家の守り神の像テラフィムを、ひそかに自分の荷物に忍ばせたのです。彼女の気持ちはいくらか理解することができるでしょう。ラケルはこれから夜を徹して、異国人の夫とともに、見知らぬ土地への旅に出立しなければならないのです。父の家から何か持っていきたい。自分を護り、安全に導いてくれる何か。この不安な気持ちを鎮めてくれる何かを。しかしながら不安というものは、つねに悪い助言者です。ラケルはこうして状況をいっそう緊迫させてしまうのです。逃亡と盗みは、有力者ラバンにいつまでも隠しおおせるものではありません。彼は逃亡者たちを急追し、ただちに、つまりフクダの足で七日のうちに、これに追いついたのです。

いよいよ物語はまことに劇的なものとなってまいります。いやがおうでも期待されるのは、西部劇《ウエスタン》のショーダウン、つまり最後の決闘のような、きわだった結末でしょうか。いやしかし、幸いなことと言うべきでしょうか、聖書は善と悪の役割を、そんな風に明瞭にわける書物ではありません。西部劇のように現実離れした不公平な勧善懲悪は、聖書の主題ではないのです。映画の中であれば、白いハットをかぶっているものが善人で、黒いハットは悪人だということははっきりしているでしょう。わたしたちの聖書物語の語り口は違います。聖書は、さらに第三のものについて語るのです。そうです、神について。明らかに西部劇的なクライマックスにはあまり関心をお示しにならない神について語るのです。むしろ神は、人間的な大義が紛糾するあらゆる場面で、それにもかかわらずご自身の公平な義を通そうと望まれます。そのため、ラバンの夢について語られていたのです。彼もまた、神の声を聞き、うすうすながら感じ取るのです。この義は一義的に自分の側にあるようなものではないのだと。

ですから、ここで聖書は、ラバンに黒のハット、ヤコブに白のハットをかぶらせることはありません。そうではなく、両者をありのままに描くのです。ラバンとヤコブ、ふたりはいずれも感情をこじらせ、いずれも共有してきた物語の実像を、少なからずゆがめてしまっていると。

ラバンは饒舌に訴えます。「**お前はわたしの娘たちを捕虜のように駆り立てるのか？**」。まるで自分はこれまで彼女たちを冷遇したことはないかのよう、まるで彼女たちは自分の意志でヤコブについて来てはいないかのような物言いです！　彼はさらに言います。「**ひとこと言ってくれさえすれば、わたしは太鼓や竪琴で喜び歌って、送り出してやったものを**」。まるでこれまで彼らを引き留めたことなどないかのよう、まるで状況がもう長いこと不公平な状態になってしまっていることを知らないかのように！　一方のヤコブですが、彼は不安に駆られているのか、自分の逃亡と背信行為の問題を、多弁を弄して誤魔化そうとしています。しかし、彼らがそのように語る行間に、静かな緊張が走るのが聞き取れるのです。そして、ラバンが次のようにいうとき、緊張の事態はふたたび鋭さを増します。「**しかし、なぜわたしの守り神を盗んだのだ⁉**。」何も知らないヤコブは、本当に全く気づかないまま答えます。「**もし、あなたの守り神がだれかのところで見つかれば、その者を生かしてはおきません。我々一同の前で、わたしのところにあなたのものがあるかどうか調べて、取り戻してください**」。

　敬愛するみなさん、想像してみてください。みなさんがこの物語をほんとうに初めて、当時のイスラエルの語り手や聴き手の場合のように、まったく最初に聞いているとしたら。あちらの声も、こちらの声も、わたしたちを引き寄せます。ラバンとともに、このひどい盗みに対しては苛立ちを隠せません。ヤコブと共に不安を覚えつつ、思いがけぬ濡れ衣に対しては開いた口が塞がりません。ほんとうにこの盗みの文脈に関わっているなどということは、思いもよらないことなのです。そしてラケルとともに、もう死ぬほどにおびえてしまうでしょう。彼女の愚かな窃盗行為が問題になっている。自分が射程距離に入り、死が目の前に突き付けられているのです！　みなさん、つぶさに想像してみるとおわかりになるでしょう。この不道徳にも思われるような物語が、きわめて人間的でありながら、きわめて道徳的でもあるということを。ここではラバンも、ヤコブも、ラケルも、みんながからみ合っていますが、その誰もが人でなしではなく、むしろわたしたち皆がまさにそうであるように、不安と希望を抱き、強さと弱さをもった人間なのです。ラケルが機転をきかせて、生き残るための厚かましさを示すとき、語り手がどのようにそれを受け止めていることか。じつにその語りには素晴らしいものがあります。ラバンは別の天幕で守り神を探していましたが、ついに最後にラケルのところにやって来ました。すでにラケルは、その神像を速やかにらくだの蔵の下に入れてその上に座っています。そうして、天使のような声で、胸をドキドキさせながら言うのです。「**お父さん、どうか悪く思わないでください。わたしは今、月のものがあるので立てません**」。すばらしい、この厚かましさ！　ただちに思わされることは、ここに神がかり的な大胆さがある、より正確には、神の護りと祝福があるのではないかということです。たしかに、どんなに道徳的な判断からしても、この小さくて不必要な守り神の像のためになど、だれも死にたくはありません。ラケルは異国の地でのちょっとした安心をこれによって得たかっただけなのです。

きっとみなさんの中には、わたしと同じように、第二次世界大戦や現代の亡命者たちの歴史を思い出している人がいるでしょう。身に危険がおよび、ほんとうに人生が危険にさらされて、その場を切り抜け、救われるために必要な方便にすがった人々の話です。そのような急場の嘘に実際に助けられたときには、ありがたいと思う。ヤコブの物語においてそうであったように、ここでは、人間と人間のふさわしい関係、その関係に関する大きな視野を見落としていないかが問われます。ヤコブ物語に一貫した力があるとすれば、この点ではないかと思うのです。不道徳や詐欺はどの場面でも正当化されていません。しかし、現実に即して人間らしくあることこそ、決して断念されないのです。ヤコブが賜物に溢れておりながら弱き者であったことは、どこでも忘れられていません。逃げ出す場面で、義をいくらかでも問うことも、忘れられないのです。しかし、ここでしばしば考えさせられることがあります。それは、わたしたちが、わたしたちの先達がやはりそうであったのと変わらず、身近な道徳倫理に関して微に入り細に入り気を遣うわりには、世界規模の不義が問題となると途端に目をつぶって寛容になり、弱くなってしまうということです。

さらに、「関係」ということで、この物語がわたしたちに教えてくれる第二のことがあります。ここでたしかに問題なのは、小さな個の楽しみやはからいではない。そうではなく最終的に問題となるは、神の民の歴史が前に向かっているかどうか、ということです。ヤコブという賜物にみちた人に、その歩みのあらゆる両義性にもかかわらず、神の祝福と護りが神ご自身から与えられていることが、この物語には報告されています。彼はこの神の物語を、イスラエルの民の歴史を、前進させていかなければなりません。それは神の民の歴史であるがゆえに、ここにいるわたしたちの物語ともなるでしょう。いずれにせよ、この使命をヤコブは真摯に受け止め、しかと見据えて歩んでいくのです。

そしてここにこそ、ヤコブが受けた祝福の最も深い意義があります。個人としても真剣に求める祝福です。しかし何よりわたしたちは、キリストの教会としてこれを真摯に受け止めることになるでしょう！　つまり、わたしたちはヤコブのような大胆さをもって新しい未来へと踏み出すことを望み見、神の歴史がわたしたち人間と共なるひとつの未来をもっていることを信じるのです。

これが、このヤコブ物語を大きな経過のもとで捉える見方です。ここで、ただひとりの個人が問題なのではなく、十二部族が視野に置かれます。その経過のもとでこそ、あまりに人間的で、あまりに道徳的な人間の交わりについて語られると同時に、神について語られるのです。この物語は、希望を担い続けてきました。それは、人間的な諍いがついに取り去られるという希望です。おそらくは、ここにわたしたちの教会のほんとうの問題があるのです。わたしたちは、神の現臨についての使信や、この世における神の御業についての使信を、程度の差こそあれ宗教的な感情に制限してしまいがちです。そうして、どれほどの力動的な視野、ダイナミクスがそこにあり、どれほどの和解の力がその使信に潜んでいるかを、もはや気づかずにいるのです。わたしたちは今、そのダイナミクスをヤコブ物語の中に見出しています。ラバンは夢のおかげもあって、このヤコブには歩み出し果たすべき大いなる使命があることにおぼろげながら気づきはじめています。そしてどういうわけか、もろもろの関係・諸連環をもう一度正しく見直すように促されてゆくのです。そうして、ラバンはヤコブに対する自らの不義を、わずかながらも認めるように促され、最後にはぶつぶつとつぶやくようにこう言うのです。「この娘たちはわたしの娘だ。この孫たちもわたしの孫だ。この家畜の群れもわたしの群れ、いや、お前の目の前にあるものはみなわたしのものだ。しかし、娘たちや娘たちが産んだ孫たちのために、もはや、手出しをしようとは思わない。さあ、これから、お前とわたしは契約を結ぼうではないか。そして、お前とわたしの間に何か証拠となるものを立てよう」。

神を証人とする契約の締結！　これは素晴らしい結末です。なぜならば、このことによって、次のことが明らかになるからです。すなわち、これが、平和をもたらす祝福を伴って、他でもない神が共に働かれる物語であるということです。そこにおいて、あらゆる独りよがりや人間的な不義を超えて、ついには神が勝利なさるのです。

アーメン

（二〇〇七年二月二十五日）

祝福をかけた格闘

その夜、ヤコブは起きて、二人の妻と二人の側女、それに十一人の子供を連れてヤボクの渡しを渡った。皆を導いて川を渡らせ、持ち物も渡してしまうと、ヤコブは独り後に残った。そのとき、何者かが夜明けまでヤコブと格闘した。ところが、その人はヤコブに勝てないとみて、ヤコブの腿の関節を打ったので、格闘をしているうちに腿の関節がはずれた。「もう去らせてくれ。夜が明けてしまうから」とその人は言ったが、ヤコブは答えた。「いいえ、祝福してくださるまでは離しません。」「お前の名は何というのか」とその人が尋ね、「ヤコブです」と答えると、その人は言った。「お前の名はもうヤコブではなく、これからはイスラエルと呼ばれる。お前は神と人と闘って勝ったからだ。」「どうか、あなたのお名前を教えてください」とヤコブが尋ねると、「どうして、わたしの名を尋ねるのか」と言って、ヤコブをその場で祝福した。ヤコブは、「わたしは顔と顔とを合わせて神を見たのに、なお生きている」と言って、その場所をペヌエル（神の顔）と名付けた。

ヤコブがペヌエルを過ぎたとき、太陽は彼の上に昇った。ヤコブは腿を痛めて足を引きずっていた。こういうわけで、イスラエルの人々は今でも腿の関節の上にある腰の筋を食べない。かの人がヤコブの腿の関節、つまり腰の筋のところを打ったからである。

（創世記三二・二三―三三）

親愛なる礼拝共同体《ゲマインデ》のみなさん

わたしたちがこれまで追いかけてきましたヤコブ物語には、劇的緊張《クライマックス》がないと思われたかもしれません。しかし、本日の箇所がいわば物語全体の最高潮を示す場面です。

早熟で、敏捷で、良心の呵責を知らないヤコブは、自らの詐欺行為のために悲惨な亡命生活を余儀なくされました。彼自身の人生の物語から、そして実の兄エサウの前から逃げ出したのです。そこで、神から転機が与えられます。悪夢のかわりに天の梯子の素晴らしい夢を。詐欺で獲得する祝福のかわりに、贈り物としての約束と祝福を。そこからラバンのもとで異国における新しい人生が始まり、ラケルとレアのための義務と待望の日々、十二人の息子たちの出生の物語が始まったのでした。そうして今やラバンとの慌ただしい離別を経たヤコブは、新しい出発点に立っています。今やヤコブは、ついに実の兄エサウとの自由と和解を求めて帰郷の旅に踏み出します。そのために、ふたりを隔てていた境界線であるヤボクの渡しを渡らなければならないのです。じつに、和解に向かう危険な一歩を踏み出すことを、ヤコブは決心しました。けれども当の兄はこれを受け入れてくれるでしょうか。彼もまた、和解を望んでいるのでしょうか。和解にはつねに「双方」が必要なのです。あるいはエサウは、かつて予告していたように、今も復讐を果たそうとかまえているのではないでしょうか。ヤコブが与えてしまった傷や侮辱、あれほどの裏切りを、簡単に忘れられるとは思えないのです。そこでヤコブは、まずはエサウに弟の帰郷を予告するため、使いの者をやることにしました。するとこの使者は、エサウが逆にこちらに向かってやって来るという知らせをもたらします。しかも、四〇〇人もの男たちを引き連れて来るというではありませんか。「それは彼を不安にさせた」といわれる場面です。歓迎のための一団か、それとも、争いのための一兵団か。エサウは和解を受け入れてくれるのだろうか。

ここでヤコブは、自分の勇気と知恵のすべてを絞り出し、財産や持ち物もすべて含めた大家族をふたつの陣に分けました。まずは、奴隷たちを、豊かな贈り物と一緒にゆかせます。贈り物とは、雌山羊二〇〇頭、雄山羊二〇、雌羊二〇〇、雄羊二〇、駱駝三〇、雌牛四〇、雄牛一〇、雌驢馬二〇、それから雄驢馬一〇頭です。ヤコブは僕たちに、動物の種ごとに常に安全な間隔を保つようにし、そのうえで先頭を行くようにと言いつけました。奴隷たちはエサウに呼びかけ、これらがヤコブの和解の贈り物であり、彼自身は後ろからやってくる旨を告げるものとされました。「贈り物は彼に先立ってまいりました」と簡潔に記されているとおりです。ヤコブ自身と家族、そして彼が残しておきたいと考えた群れ全体を、後ろの陣営に待機していました。

しかし、次の夜、ヤコブの群れとその大家族が夕べにヤボクの河境を渡り終えてしまい、いざ彼自身が境を越えようという時に、事は起こりました。それは夜……ベテルの夢のあの日のように、またもや夜の出来事です。しかし今回ヤコブは、自分を暗い海に引きずり込もうとするひとりの暗がりの人物と突然に向き合わなければならなくなります。

ここで、太古の「河の悪霊《デーモン》」のことが言われているのではないか、太古の異教的な伝説が語りなおされているのではないかという解釈者がいることは事実です。たしかに、ここでヤコブが、太古より人を悩ませてきた不安や恐怖に襲われているというのであれば、それは本当でしょう。彼の魂の根本のところから湧き上がる何ものか、彼の理解を超えた何ものかに、彼は襲われているのです！　明るい順境の日々にはいつもほどなくかわすことができたもろもろの不安や恐怖が、今この夜、一団のしんがりとしてヤボクを越える、決定的な一歩を踏み出さなければならない肝心なところで不意に攻撃をしかけ、全力で襲い掛かってきたのです。ヤコブは、この不安によって自らの人生の物語に横たわるまったき暗がりに、もう一度向きあうようにうながされます。人生の暗やみが突然に、ふたたび姿を現したのです。

ここフラウミュンスター教会に共にキリスト者として集められた敬愛するみなさん、みなさんも、こういった不安をご存じなのではないでしょうか。魂の最高の深み、「魂の夜」から立ち現れる不安。それは、人生の暗い場面や所業と結び付いています。もう乗り越えた、幸いにも忘れられたと思っていた不安や恐怖。今ふたたびそれが姿を現したのです。とにかく聖書のヤコブ物語は、このような不安の状態を知っており、それゆえにこれについて語ります。こうした気持ちや得体の知れない姿、あるいは悪霊ともいうべきものに恐れを抱き、悩まされている人々にとって、この不安が知られ、語られているというだけで、ひとつの慰めだともいえるでしょう。彼らだけがこうなのではなく、その頭はおかしいのでもない。そのような深い不安というものはたしかに存在するのだと、知らされるからです。残る問題はただ、これがどこからきたのだろうか、どのようにしてこのような苦しみから救われるのだろうか、ということです。

河の悪霊《デーモン》に意味があるとすれば、その意味を簡潔にとらえておく必要があるでしょう。それはただ太古の時代だけでなく、今日もなお現れる人知を超えた姿であり、不安のことなのです。

ひょっとするとヤコブにあっては、これは深い信仰に関わる不安なのかもしれません。ベテルで天のはしごについて夢見たことが、「なにもかも真実ではない」かもしれない、という不安です。神に与えられたと考えていた将来に関する約束が、なにもかも本当ではないとすれば……。彼は、あるいはかつてつかんだはずの勇気と希望に対して、不安を覚えているのかもしれません。ヤコブは、自らを引きずり込もうとする疑いと不安に躊躇し、物語の描写のとおりかくも劇的に、沈み込んでゆきます。朝焼けの太陽がゆっくりと昇るまで、ついにヤコブを打ち捨てることができなかったあの存在が、立ち去っていくまでの出来事です。日の光のもとでは、人はただ自らの魂や、不安や恐怖だけに向き合うのではなく、はっきりと、正しく全体を見るようにとうながされるものです。朝日に目覚めた悟性は、むしろ、感情や懸念を押しのけ、これを締め出します。

ヤコブに正しい点があったとすれば、それはただひとつ、彼がひたすら祝福をかけて格闘しなければならないことを理解していたということです。はじめは不正をもって手にしようとし、ついには与えられたのですが、彼はとにかく祝福を求めた、いや、じつに神を執拗に求め、本気で格闘しなければならなかったのです。彼自身はそのためにひとつの行動に出なければなりません。つまり、和解に向けた一歩に思い切って踏み出すのです。そこで彼は、かつての夢が、神と兄弟と共にある自由の幻が、幻想ではないと信頼しなければなりません。そのためヤコブは、あの深い恐怖が、いつかふたたび立ち現れる可能性を残したまま一端退散しようとするときに、そのまま引き下がらせるわけにはいきませんでした。ヤコブは今、前に進もうとしています。約束されていたことに全存在をかけてみようとしています。だから、あの闇の存在が離れ去ってしまおうとする時に、そうはさせないのです。いや、もうヤコブは気づいているのです。もはや自分が、ただ自分自身と格闘しているのではない、そうではなくこれは、神との関わりの中での格闘なのだと。そこで、彼は言うのです。**「祝福してくださるまでは離しません!」**。

驚くほど大胆で、戦闘的な言葉です。このように言われたかの人物は、彼に名前をたずねます。「お前はいったい何ものなのだ?(**名はなんというのだ**)」。これがその問いかけでした。最も深い自己が問われます。**「ヤコブです」**(物語の冒頭で「踵をつかむもの」と訳された名前、つまり、他者を押しのけるものだとか、そうして益を得るものと受け止められた名前です）。そう答えると、かえって彼は名前を授けられました。「いや、イスラエルだ。お前は、神と闘うものだ！」。**お前の名はもうヤコブではなく、これからはイスラエルと呼ばれる。お前は神と人と闘って勝ったからだ。**

ヤコブはこの深い淵の試練から目を背けませんでした。危機を見つめ、まったくの暗闇を相手に闘い、神ご自身と格闘したのです。「あなたこそ何ものなのですか（あなたのお名前は）？」という反問には答えがありませんでした。かわりに、ヤコブは祝福されました。神の祝福はしたがって更新されたのです。不安と疑いに打ち克ち、祝福は有効だと確かめることができました。今やヤコブはほんとうに勝利したのです。それは、彼がこの挑戦から逃げ出さなかったからです。すべてを忍び、すべてに耐え、祝福を闘い取ったからなのです。

深い感銘を受けることがあります。すなわちここでは信仰が、服従や恭順ばかりでなく、大胆な勇気にも関わるということです。疑問や疑念のかずかずから目を背けずに、かえってこれにこだわって、その暗闇と格闘する大胆な勇気に、です。しばしば心に思うことですが、わたしたちは信仰による疑いというもの、つまり、真理と真実を求める苦悩に満ちた問いに、適切に身をさらすことがまったくできていません。わたしたちはそれを扱うにあたって、まるで自分たちの信仰は保護区域にあり、自然保護公園にでも移し置かれていて、どんな懐疑的で悲劇的な疑問や問題からも厚い壁によって遠く隔てられているかのようにふるまってしまいます。しばしばわたしは思うのです。わたしたちはなまぬるくなってしまっている。小心翼々、意気消沈した当たり障りのない宗教性に引きさがり、血の気のひいた感受性と、宗教的な安全地帯に引きこもってしまって、実際にはすべてを失われるままに任せているのではないか、と。しかも最も高い水準で、神学の高みにおいてそのような状況にあるのです。今日の神学界においても、ふたたび「宗教」という概念が流行って〔en vogue〕いるようです。しかし、その概念にはどのような思いもあてがうことができますから、味気ない無難さの欲求や、低い幻想追求が、そのもとに数えられることにもなります。この「宗教めいたもの」というふんわりしたクッションの上に胡坐をかいているならば、あるいはすでに気づかぬままに、すべてが失われてしまうことになりかねません。それには「癒し効果」はあるかもしれませんが、それだけのこと。語りかけることができ、個として人格的に差し向う対象であるひとりの神を信じる助けには決してならないのです。結局のところ問題は、まことに自由と祝福を届けることのできるお方としての「ひとりの生ける神」を信じる信仰なのではないでしょうか。

もちろん、このような考え方は単純で天真爛漫《ナイーヴ》に見え、実際危険でもありますから、他の者たちにまともに取り合ってもらえないこともあるでしょう。また、たいていの場合、わたしたちは魂のうちに不安を抱えており、この世界にあって人生の物語にさまざまな継ぎはぎを施し生きているのですから、ただひとりの生ける神を信じることは確かに難しいのです。わたしたちが、すべてを本気で現実的に考え、一応信じるといっても自分たちの益も勘案し、あるいは統計的に策を講じながら和解の道を探るときにはいつも、わたしたちをヤボクの不安が襲います。わたしたちの中での同意の問題ではなく、神に同意することができないという不安が襲うのです。しかし、そこで本気で考えることを断念し、神への疑義を取り下げては小さな幻影と大きなごまかしで魂をなだめすなら、いつのまにかすべては失われてしまうでしょう。

もしヤコブが、いくつかの危機を耐え抜き、自身の信仰をかけて格闘するようにしむけたあの大胆な勇気をもっていなかったとしたら、彼は祝福を失っていたことでしょう。しかし、実際のヤコブは格闘する。今やあの影と闘うのです。しかもその際に一撃を被り、後々までその後遺症をあらわに引きずるほどでしたが、それにしても彼は、自らの暗い過去を現実に乗り越え、未来を勝ち取ることができたのです。

マルティン・ルターもまた、このヤボクの闘いを深く釈義して、これを異議申し立てとして、深いところでの疑い迷いの現れとして理解しました。ルターによれば、とりわけ聖なるものを体験した特別な人々こそ、疑いを表明していました。苦労して信じ、あらゆる苦しみを負いながら神を差し向かう存在として求め、神と格闘した人々。そのような人々は、しばしば、規範からは落ちこぼれるようなものたちでした。ある一定の観点において風変わりで、飛びぬけていて、しるしを帯びている人々。そのような人々は、わたしたち善良な国民が呑気な生活にあって気づきもしないことを予感し、知覚するのです。彼らは、大変な大胆さをもって事柄に忠実であろうとする人々です。

そしてこのことが、ヤコブ物語の感銘深い点でもあります。ヤコブはこの闘いによって明らかに目につくしるしを帯びることになります。この後、足を引きずるようになるのです。この物語が言わんとするところはこうです。彼は神によって委託を受け、選ばれた者としてのしるしを帯びた。彼から神の民の歴史の糸はのびることになるだろう。ここで、しばしば目立つものとされる人々についてのわたしたちの見方が強められます。わたしたちが真摯に受け止めるべき何事かを見据え、身をもって知っている人々は、しばしば明白なしるしを帯びるということです。聖書の物語は、正常《ノーマル》な規定を説き明かすものではありません。そうではなくそれは、際立った事柄に注意を向けさせる物語です。ヤコブのように神と出会う者、この者は特別なことを体験します。その異常な体験が、彼にとってのしるしとなり、そしてまた彼自身を際立たせるしるしとなるのです。順風満帆の標準的な人物伝ではなく、そこにあるのは労苦の絶えない人生であり、大胆な勇気と不安と危険とに満ちた、決定的な時が折り重なり逃れようもなく襲いくる人生の物語です。

疑いと不安を貫き通ったものとしての信仰、それは、生ける信仰です。ヤコブは、この祝福に満ちた者と出会った果てに、こう言いました。「**わたしは顔と顔とを合わせて神を見たのに、なお生きている**」。さらに麗しいのは、この最後の部分（「なお生きている」とあるところ）のルター訳です。「**……さらばわが魂《たま》恢復せり**〔……vnd meine Seele ist genesen.〕」。そうです、耐えて生き残ったという以上のことがここにあります。それは、まことの「恢復」です。

アーメン

（二〇〇七年三月四日）

ふたたび兄の顔を見る

ヤコブが目を上げると、エサウが四百人の者を引き連れて来るのが見えた。ヤコブは子供たちをそれぞれ、レアとラケルと二人の側女とに分け、側女とその子供たちを前に、レアとその子供たちをその後に、ラケルとヨセフを最後に置いた。ヤコブはそれから、先頭に進み出て、兄のもとに着くまでに七度地にひれ伏した。エサウは走って来てヤコブを迎え、抱き締め、首を抱えて口づけし、共に泣いた。

やがて、エサウは顔を上げ、女たちや子供たちを見回して尋ねた。

「一緒にいるこの人々は誰なのか。」

「あなたの僕であるわたしに、神が恵んでくださった子供たちです。」

ヤコブが答えると、側女たちが子供たちと共に進み出てひれ伏し、次に、レアが子供たちと共に進み出てひれ伏し、最後に、ヨセフとラケルが進み出てひれ伏した。

エサウは尋ねた。

「今、わたしが出会ったあの多くの家畜は何のつもりか。」

ヤコブが、「御主人様の好意を得るためです」と答えると、エサウは言った。

「弟よ、わたしのところには何でも十分ある。お前のものはお前が持っていなさい。」

ヤコブは言った。

「いいえ。もし御好意をいただけるのであれば、どうぞ贈り物をお受け取りください。兄上のお顔は、わたしには神の御顔のように見えます。このわたしを温かく迎えてくださったのですから。どうか、持参しました贈り物をお納めください。神がわたしに恵みをお与えになったので、わたしは何でも持っていますから。」

ヤコブがしきりに勧めたので、エサウは受け取った。


（創世記三三・一―一一）

親愛なる礼拝共同体《ゲマインデ》のみなさん

人はだれでも自らの力を発揮し、伸ばし、内に感じる能力を具現化したいという願いをこっそりとでも抱いているものです。真価を発揮したい、この意志を押し通したい、という願い。今最後に挙げた願望も、決して否定的にばかりとらえる必要はありません。意志を押し通すというと、かならずしも不当な手段で他者を押しのけることを意味するわけではないからです。そうではなく、それは単純に、与えられた生をまさにそのとおりに生きよう、ということです。生命力、アイデア、目標のイメージを現実に形にしようとすることです。人間だれもが被造物として実際に自由を与えられているのですから、この自由を確かめ、これに生きてみたいと思って当然なのです。

ただヤコブには、この願いがはじめから深い心的葛藤を伴っていました。彼の活力、行動力、知性と意志の強さが際立っていたにもかかわらず、ほんの数分早く生まれただけの無骨な双子の兄エサウが、いつも目の前に立ちはだかるのです。すでに母の胎にいるときから、そして誕生の時点からそうでした。当時の慣習としきたりによれば、エサウが年長のものとして長子の権利と祝福と、それに伴う利得を受けるものだというのは、誰の目にも当然でした。すなわち、部族の長として父を継ぎ、主人になるのはエサウ。実際に誰にその素質があったかというと、それはエサウではなくヤコブだったのですが。なんとも理不尽だと思われるところです。

すでに六回の説教をとおしてヤコブ物語を追いかけてきましたから、わたしたちは、そこに生まれる葛藤と悲劇をよく知っています。ヤコブは実の兄を二度もペテンにかけました。一度は法にふれるかふれないか、いずれにしても不公平な取引をもちかけて騙しました。もう一度は完全な詐欺行為でした。ヤコブはエサウから長子としての特権を奪い、結果エサウが彼の命を脅かすものとなったために、逃亡生活を余儀なくされました。

聖書の物語が詐欺行為を擁護して言いつくろうようなことは一切ありません。しかし、聖書を読むわたしたちは、ヤコブが決して人でなしではないと感じさせられます。状況は客観的にみて難しい。はじめから、ただちにヤコブは行き詰っていますが、これは、多くの悲劇に特徴的な要素です。けれども、たとえばギリシア悲劇において、神々の間の争いがついには逃げ場のない絶体絶命の状況に向かうのが常であるのに対し、聖書の物語にあっては少し違います。ヤコブ物語においては、神がくり返しご自分の祝福をもって、和解への力を生みだし、現実のもの、生きたものとなさるのです。

亡命者ヤコブはベテルでの夢の啓示で、神の守りと祝福の保証を与えられます。未来についての約束を確かに得たのです。そのように、彼の活力と知性が認められ、確かめられます。彼からひとつの大いなる民がなる！　ただこの約束は、あれよあれよとただ軽快に実現してゆくようなものではありません。むしろ回り道に失望、長い時と多くの困難を経る必要があったのです。ヤコブは異教の地盤ともいうべきラバンのもとで、新たに獲得した自由と活力によって〔祝福された者としての〕確証を深めていきます。首尾は上々、今や、ふたりの妻にふたりの側女、十一人の息子とひとりの娘をもつ大きな一族の長になったのです。多くの家畜の群れや財産も豊かなものとなりました。

ただ問題なのは、ヤコブがなお独立していなかったということでした。何かまだ判然としていない。義理の父ラバンに引き止められ、縛られていたのです。そこでヤコブは、ラバンとの決別を決心いたします。やはりここでも聖書の語り手は、ヤコブが召しに従って歩みゆかなければならないこと、その力が今や本当に活き活きと発揮されなければならないことに、理解を示しています。

ヤコブはしかし、忘れてはいませんでした。そこにはなおもうひとつ未解決の、兄との暗い物語がくすぶっていたのです。ヤコブは、兄との平和なくして未来はないとわかっていました。そこで、あらゆる勇気を振り絞り、まずエサウに使者を送ると、かえってエサウのほうからヤコブに向かって来るというではありませんか。先週の主の日に見たところですが、そこで、勇気も、平和や和解に向かおうという意志も揺るがすような、計りしれないほどの深い不安と恐れが、ヤコブをとらえたのです。すべてが幻だったとしたら？　あの祝福の夢も、神の民と未来についての夢も、ただのあまりに人間的な願望にすぎなかったのだとしたら？

ヤボクでの格闘はこの葛藤を映し鏡とします。今や彼は本気で自らと、そしてついに神と、祝福をかけて闘わなければなりません。そこでは信仰の疑義と絶望とが、彼を深みにまで引き込んでゆきます。けれどもヤコブは耐えました。彼は持ちこたえ、その祝福は更新されたのです。

ただ心の内の暗がりを超え、不安を耐え抜いただけではありません。この祝福が本当のものなのか、実証されるのでなければなりません。ヤコブは勇気を振り絞り、しかし用心して、実の兄に向かってゆきます。大家族を大きく分けて段階を踏むことにし、まず先頭に贈り物として、多くの動物が届けられるようにしました。それからおんな子どもです。配置をよく考え、安全を確保して、そうしてヤコブ自身はしんがりをまもりました。一方のエサウはやはり四百人の男たちを引き連れて進んできます（この男たちが何ものなのかはわかりません。これは争いに備えた兵団なのでしょうか、それとも歓迎の一行なのでしょうか?）。ついに互いが向き合う時がきました。ヤコブは進み出《い》で、七たび地面にひれ伏しました。語り手はここまで、高まる緊張をそのままに引き伸ばしていましたが、ここにきてもはやこれ以上耐えられないとばかりに、いよいよまったく簡潔に語っています。「**エサウは走って来てヤコブを迎え、抱き締め、首を抱えて口づけし、共に泣いた**」。

　たしかに、ヤコブ物語はギリシャ悲劇ではなく、聖書の物語です。そこにあっては悲劇性が乗り越えられ、神の祝福と人間の和解こそが最後の決定権をもっています。それが、物語をこんなにも現実的で、同時に慰めに満ちた人間的なものにする枠組み〔あるいは、弧を描いてすべてを覆う丸天井〕となっています。これこそ、父祖の物語の神学的な核心なのです。争いがあり、不義があり、過ちがあります。しかし、ほんとうに祝福をもたらす真実に力強いものがその場所に——過ちが負われるところ、和解と平和が求められるところ、平和に向かって勇気を振り絞り一歩踏み出す人がいるところに——、置かれているのです。

　これが、このヤコブ物語の核心、物語のあらゆる場面をとおして貫き響く声でありメッセージ、聞き逃すことなどできない「定旋律〔Cantus firmusu 多声の中の基礎旋律〕」なのです。神の祝福とみ業こそが問題であり、わたしたちの世界は、より強い者らの冷酷な自己実現の戦いの場などではないのだと、この物語は教えてくれます。まことに、この世界は神が創造なさったもの。

そこでは、自由な被造物が自らの自由を生きることがゆるされています。しかも、まさにその自由にあって、和解への備えが選び取られ、あの特別な、共通の平和が取り戻されるのです。

したがって、今やヤコブとエサウのふたりが共に救われ、共に解放されることになります。そのためにふたりは抱き合い、大の大人で荒れ野の王者であるふたりが共に声をあげて泣くのです。それからエサウは目をあげて、そこで初めてヤコブの妻や子どもたちに目を留めます。彼は弟の人生の物語を見ています。この子たちが、ヤコブから生まれたもの。明らかに妬みはありません。むしろ、そこにあるのは喜びと共感です！　それからエサウはヤコブに、この「家畜の供給」はいったいどんな意図で差し出されているのかとたずねます。ヤコブがこんなにも心を尽くして戦略的に、自分の大家族を編成し、まず最初に贈り物をよこしたことについて、エサウはたずねるのです。するとヤコブの不安から生まれた戦略が、結果としてなんだか微笑ましく、皮肉な光に照らされます。兄弟よ、この大荷物は何なのか。ここにまとめて前に差し出された贈り物にお前のどんな意図があるのか。

杞憂というものは、後から振り返ってみるとほんとうに笑ってしまうようなことです。ヤコブの答えはこうでした。ただ兄上の好意をもういちど得たかったのです。それを聞いたエサウははじめ、贈り物をまったく受け取ろうとしませんでした。もはや必要がないと思われたのです。しかしヤコブは強いて言います。「いいえ。**もし御好意をいただけるのであれば、どうぞ贈り物をお受け取りください。兄上のお顔は、わたしには神の御顔のように見えます。このわたしを温か**

く迎えてくださったのですから」。

本章でもっとも美しい一文がここにあります。贈り物を受け取ってほしい、というのも「**私はあなたの顔を見たのですが、それはまるで神の顔のように見えたからだ**」というのです。敬愛するみなさん、みなさんは、「顔」というのが、この物語全体を貫いて基調となるモチーフであったことを覚えていらっしゃるでしょう。まずは視力の衰えたイサク。彼はヤコブに騙されたとき、ほとんど目が見えず、つまり顔を見ることができない状態でした。その後、ヤコブはラバンの顔を見たと言っていました。つまり、ヤコブがラバンの「顔つき」を見ると、それは確かに以前とは異なっていた、というのです。それが、別れの決断に繫がりました。そして最後に、あの劇的な場面です。ヤボクでの格闘を終え、祝福を受けた後で、ヤコブはこう言うことができました。「**わたしは顔と顔とを合わせて神を見たのに、なお生きている**」。

なんと感銘深い場面でしょうか。あの不幸な兄弟の軋轢がすばらしい方向に転換し、平和がもう一度据えられた今、ヤコブは感謝のうちに言うのです。エサウの顔を見たが、まるで神の顔のように見えた！　思いやりと愛、そして和解。すべては一息のうちに、好意をもって向けられる「顔」に読み取ることができました。そこにあるのは、アロンの祝福において現在化されているとおり、平和・平安の現像です。「**主が御顔をあなたに向けてあなたに平安を賜るように**」。

そうです、愛する礼拝共同体《ゲマインデ》のみなさん、わたしたちも自問してみたいと思います。だれの顔を、わたしたちはもはや偏りなく見ることができなくなってしまっているでしょうか。暗い物語があったことが原因でしょうか。わたしたちは誰の目を見ないようにし、避けているでしょうか。これらの問いに向き合うことが、和解への歩みを踏み出させる導きの糸となるでしょう。あるいはさらに肯定的に言いましょう。ヤコブの願いは、わたしたち皆の内にもあるではありませんか。つまり、他者の顔に好意をもう一度見出したいという願い、そうしてわたしたちが魂の最も深いところで神と向き合い、そのご好意を祝福として受けたいという願いです。他者の好意と神の好意は、互いに結び合っているものなのですから。

ここで、二十世紀の最も印象的な哲学者のひとりであるエマニュエル・レヴィナス〔一九〇六―一九九五年〕の言葉を受け止めたいと思います。彼は、こう語っていたのです。他の人間の顔つき、そう、顔こそ、倫理の基礎データである、と。ひとりの人が君と対立していて、君を見つめる。すると君は、そこですでに義務を負わされていることになるのだ。君は、その人の人間性から目を背けることはできない。その両目を見つめれば、君のふるまいを変えられることになる。君の前にひとりの人が立っている、このことから目を背けることはできない。これはまた、「人権」の最も深い核ともなるだろう。レヴィナスは加えて言います。「恐怖や不安でも、興味関心でも打算でも思慮深さでもなく、君を見つめるこの他者の顔こそ、倫理的ふるまいの基礎である」と。

したがって、もし、誰か他の者が、人の「顔」を取り去ってしまい、まるでそれが、希望や不安や困難を抱く人間ではないかのようにその人について語るとき、わたしたちはそれを放っておくことはできません。十把《じっぱ》ひとからげにして、人が「群集・マス」としてくくられ、貶められるようなとき、「亡命を求める大勢」だとか、さらにひどい場合には集合的に「増えすぎた人口の原因」だとか「危険な人種」などと表現されるようなときには、注意しなければなりません。とりわけ、今日ではふたたび、そのような語彙を使ういくつかの政党が現れてきています。否、人にはだれにでも顔がある。たとえそれが原因でわたしたちが争いの矢面に立たなければならなくなろうとも、あるいはヤコブが不公平に抗ってこれを整理しなければならなかったように、不公平をとにかく耐え忍ばなければならなくなろうとも、そうなのです。

もしこのヤコブのまったく多彩で、かつ複雑に込み入った顔を、わたしたちに関わるものとして、この人生に何かもたらすものとして受け止めようとするなら、おそらくこういうことが言えるでしょう。聖書の物語は、倫理道徳を説き明かし、宗教的道徳的に凝り固まった、お説教をしようとはしていない。聖書はだれのどの人生をも妨げるものでもなく、人が力を発揮し、その生を与えられたままに生きようとするとき、これを妨害するものでもない。むしろ聖書の物語はわたしたちを助け、人生の葛藤にむき出しで取り組み、必要に応じて、わたしたちが喜んで決断をなすことができるようにしてくれます。たとえば、時がきて、別れの決断をなすべきときに背中を押してくれるのです。また聖書の物語は、わたしたちを促してくれます。ヤコブが抱き、人間誰もが抱いている、最も深いところからのあの願い、つまり他者の目を見つめることができるように、という願いを裏切らないようにと。じつに、その願いは、わたしたちを平和と和解の道へと導くものであり、何か最も困難な決断をしなければならないときに、ひとつの方向を示してくれるものです。その方向は、平和の仲裁者である祝福のうちに、示されます。そのときわたしは他者に向かって言うでしょう。**「まるで神の御顔を見るように、わたしはあなたの顔を見たのです」**と。

アーメン

（二〇〇七年三月十一日）

Ⅱ ルツ記

「パンの家」の飢饉

士師が世を治めていたころ、飢饉が国を襲ったので、ある人が妻と二人の息子を連れて、ユダのベツレヘムからモアブの野に移り住んだ。その人は名をエリメレク、妻はナオミ、二人の息子はマフロンとキルヨンといい、ユダのベツレヘム出身のエフラタ族の者であった。彼らはモアブの野に着き、そこに住んだ。夫エリメレクは、ナオミと二人の息子を残して死んだ。息子たちはその後、モアブの女を妻とした。一人はオルパ、もう一人はルツといった。十年ほどそこに暮らしたが、マフロンとキルヨンの二人も死に、ナオミは夫と二人の息子に先立たれ、一人残された。ナオミは、モアブの野を去って国に帰ることにし、嫁たちも従った。主がその民を顧み、食べ物をお与えになったということを彼女はモアブの野で聞いたのである。

（ルツ記一・一―六）

親愛なる礼拝共同体《ゲマインデ》のみなさん

「死だけが私たちを分かつのです。」

（ルツ記一・一七〔チューリヒ聖書に基づく訳〕）

波瀾《はらん》に富むこの大いなる物語の中で、私たちの心に印象深く響く劇的《ドラマティック》な一言です。どこかで聞き覚えがあるとすれば、それは、この言葉が伝統的に、結婚誓約時の厳粛な問いとして受け継がれているからでしょう。その場合には、もはや波瀾に富む文脈というのではなく、祝宴の厳かな形式のもとで、真摯に問われます。「死があなたたちを分かつまで、この婚姻の誓いに誠実であることを願いますか」。今日《こんにち》の花婿・花嫁たちには、これが誇張しすぎた演出の言葉に聞こえることもあるようで、しばしば私は牧師として、次のような説明をもって諭します。「これをまったく違う表現に言い変えることもできますが、その場合にも、この真摯な問いに息づく真意を固く保つ必要があります」と。生きるかぎり私たちに届けられる賜物を、共に分かち合って歩んでいこう、という約束。これは、人生全体に開かれた地平でなされる、その意味で生涯を貫く約束なのだということです。

もっとも当のルツ記では、先の言葉は男性と女性の間で交わされるものではありません。そうではなく、ひとりの若い寡婦が、すでに長きにわたってやはり寡婦となっていた自らのしゅうとめに向けて語った、公明正大で大胆な一句です。しかもそれが、たいへんな危機に直面し、ひどく辛酸を嘗《な》める状況下で語られています。

　さあ、今日から、ヘブライ聖書による、ナオミとルツのこの大いなる物語を、クリスマスまでの一連の新しい説教として取り上げ、その深みと、真に迫る現実味《アクチュアリティー》にふれたいと思います。ベツレヘムに始まる物語が、当のベツレヘムでの男の子の生誕に終わります。新たに生まれる一人の幼子はエッサイの父となり、そのエッサイがダビデの父となる。さらにはヨセフが身重のマリアと共に、租税に関わる登録を果たすため、このダビデの町ベツレヘムに、領民としてやって来ることになるでしょう。こう見れば、ここからクリスマスを仰ぐ視座が、すぐにも啓《ひら》かれるというものです。それはすなわちナザレのイエスが、かのダビデの、王の家系に出自することを示唆します。言い換えるなら、ルツがイエスのひぃ・ひぃ・ひぃ・ひぃ……ひいおばあさんだということです。

　なおここで、ひるがえって男たちの歴史語りばかりに思いを馳せるなら、それは見当違いです。ここにあるのは、まぎれもない、女たちの物語だからです。エステル記と並ぶ、聖書中もっとも力強い女性の物語。いやそうであれば、〔かつて聖母をあおぐ女子修道院《フラウミュンスター》であった〕このフラウミュンスターという場に、まったくもってふさわしいではありませんか。ルツ記は、生死をめぐる女性の歴史物語。人生の運命《さだめ》と、それに向き合う者に与えられる報い、そして、慈愛《いつくしみ》と真実《まこと》と救いをめぐる物語です。さらには、解決をもたらす人物として、一人の解放者（Löser）が登場します。いずれ私たちは、教会がとても大切だと考えてきた「救済」（Erlösung）や「救済者」（Erlöser）という言葉をより良く理解するためにも、当の物語が助けとなってくれることを知るでしょう。神はどのようにこの世に来られ、現臨され、世にある者と共にいてくださるのか。こういった問いに関わる物語の内容からも、クリスマスへの備えがなされます。

また同時に、このナオミとルツの物語は、この上なく現実味を帯びたお話として、逃れ、彷徨《さまよ》い、亡命した者たちの運命に関わります。これは飢饉と、その只中での連帯をめぐる物語。ひとたび疎外された部外者《アウトサイダー》が、どのようにしてふたたび部内者《インサイダー》（身内）となりうるのかをめぐる物語です。命の保障に関わる社会の法も問題とされなければなりません。どのように社会共同体に立ち帰り、その保護を得ることができるのか。はたしてどのように人は信※に満ちた関係から離れてしまうのか、あるいはその信になお結び付くことがどのようにして可能なのか、それこそが問題です。

さあ、導入や前置きはこのくらいで充分でしょう。穏健な筆致でありながら、同時に技巧的にすぐれた構成をもったこの物語は、次のように語り出されます。

士師が世を治めていたころ、飢饉が国を襲ったので、ある人が妻と二人の息子を連れて、ユダのベツレヘムからモアブの野に移り住んだ。

一人の夫、一人の妻、二人の息子。ある小さな家族が、ベツレヘムを離れて出立しました。この地《くに》を飢饉が襲ったからです。ベツレヘムは、「パンの家」を意味します。ドイツ語圏の地名であったら「ブロートハウゼン」（パンの町）とでも言われるところです。よりにもよって、本来肥沃な地であったそのベツレヘムで、人類の歴史上くり返し人間を絶望の淵に貶《おとし》めてきた、かの大変な事態が立ち現れるのです。かの事態、そう、飢饉です。飢饉について、私たちは、今日に至るまでの歴史的な事例を数多く知らされています。しかしもちろんそれだけではない。今に至ってなお飢饉は数えきれないほど多くの人生に、たとえばとくにアフリカの人々の生活に、おそろしく酷いあり方で影響を及ぼしています。飢饉に追い立てられるようにして、生き残る希望にすがり亡命する人々もたくさんおられます。はたして飢饉は、イエスの祖先となる女性の家族をも追い立て、約束の地からモアブの野へ、つまり彼らが完全なよそ者とみなされる土地へ移るように強いました。文字どおりのよそ者。実際、ユダとモアブの人々の間では、争いと緊張が支配した時代が久しくありました。

その人は名をエリメレク、妻はナオミ、二人の息子はマフロンとキルヨンといい、ユダのベツレヘム出身のエフラタ族の者であった。彼らはモアブの野に着き、そこに住んだ。夫エリメレクは、ナオミと二人の息子を残して死んだ。

一人ひとりの名前が、意味深いものとして強調されます。エリメレク、これは「わが神は王」という、すでにあらかじめ物語の眼目を示す名前です。というのも、後に彼からダビデの王家が起こるからです。いや、これから私たちにも示されるように、厳密には、その末裔《すえ》から直接というわけではありません。その意味では、この名前が本当に示唆するのは、「神よ、この人は王ではない！」ということかもしれません。またナオミには、後に自ら言及することになりますが、「快く麗しい」「愛らしい人」という意味があります。しかし、見目麗しいビューティー・クイーンというのではなく、温かで強《したた》かな心をもつ魅力的な女性という意味でしょう。その息子たちは、マフロンとキルヨンといいました。前者は病弱、後者は脆弱という含意をもつ名前です。なぜ息子がふたりともこのような不可解な名前なのか、少し驚くむきもあるでしょう。続く箇所ではこう言われます。

夫エリメレクは、ナオミと二人の息子を残して死んだ。
息子たちはその後、モアブの女を妻とした。一人はオルパ、もう一人はルツといった。十年ほどそこに暮らしたが、マフロンとキルヨンの二人も死に、ナオミは夫と二人の息子に先立たれ、一人残された。

きわめて簡潔で、事柄に即した記述がなされます。飢饉のためにこぞって難民となった彼らがモアブに腰を据えるやいなや、家主のエリメレクが死んでしまいます。当時、父権社会にあって、ひとりの女性が夫なしに生きることが何を意味したか、率直に認識されてしかるべきでしょう。そこにいかなる危険が絡みつき、いかなる困難が伴っていたか。やがて息子たちは、オルパとルツというモアブ人女性を娶《めと》ります。これは、ユダヤ人には聞き捨てがたいことでした。当時、すなわちこの物語が語られたバビロン捕囚後の時代にあって、まさにこの点で大変な議論のあったことが、やはり確認されるべきでしょう。異なる民族や宗派間の結婚を許さないという人があり、また実際禁じられもしたのです。この排他的な考えに対して躊躇や憤りを示す前に、立ち止まって考えてみることが必要です。特別な委託をうけた神の民としての自覚がある、その委託に忠実であろうとしたとき、この民にとって異宗婚ないし混血婚が問題になることは、いくらか理解ができます。人々は、私たちの伝統はこれからどうなるのか、と不安を覚えていたに違いありません。神こそ王、一神信仰が私たちの信じるところだといいながら、この先の結婚によって、もはやこの信仰がそのまま受け継がれない状況に甘んじるなら、その場合の信仰とは何を意味しているのでしょう。ここには、物語全体にピンと張られた緊張の弧があります。

さて、モアブの女を娶ったナオミの息子たちは、やがてふたりとも死んでしまいます。結婚から十年の後《のち》に、ひとりの子どもも残さずに。まさにマフロンは病弱な人、キリヨンは脆弱な人でした。いったいこの先どうなるのでしょう。不安のさなかでそう問わざるをえない、まさに劇的な展開です。夫を失ったナオミ。息子たちももういない。異郷の地にあって、ふたりの外来の嫁が共にいるばかり。今や彼女は命の危機に直面します。そして、極まる貧しさに圧迫されて、ついには思い至るのです。ベツレヘムに帰らなければならない。そう、この地では、彼女はもう生きてゆけないのです。

私たちの感動を誘う物語がしばしばもつ、ある白黒はっきりとしたイメージが、ここにも実際あるように思われます。この世界で、どれほど多くの人々が、飢えと渇きに苦しんでいることでしょうか。なかでも、最もつらい苦しみを担うのが、他でもない女性たちである場合が、いかに多いことでしょう。こうしてたしかにルツ記は世界の縮図のようなものを見せ、そこに生きる現実の痛みを、私たちにまざまざと思い起こさせるのです。ただしここで、その際の白黒はっきりした図式化には注意も必要だと、聖書を厳密に読んだラビ（ユダヤ人教師）たちは考えました。彼らは、この物語の正しい読みについて互いに議論する中で、ナオミが後にベツレヘムに帰郷した際に告げる言葉に注意をうながします。

「出て行くときは、満たされていたわたしを
主はうつろにして帰らせたのです。」（一・二一）

ここで、ラビたちは言います。ひょっとすると、ベツレヘムを出て行く際の動機は、私たちが思ったほど潔白なものではないのかもしれない。それは、私たち人間が、おしなべて誰も完全に潔白な存在ではいられないのと同じことだ、と。ひょっとすると、エリメレクという男は、とても裕福だったのに、飢饉の時代に、持てるものを同胞と分かち合おうとはしなかったのかもしれない。出発するぞ、持てるものは何もかも失わないで済むように！　かわいい妻も、か弱い息子たちも自分のものだ！　もしや、そう考えていたのではないか、というのです。「**出て行くときは、満たされていた**（**裕福だった**）」。実際のところはどうだったのか、私たちにはわかりません。けれども、みなさんもおわかりのとおり、これが聖書の書き方なのです。単なる道徳的なお話ではない。聖書においては、善も悪も、貧乏人も金持ちも、単純に切り分けることなどできません。悪者は黒いハットを、善人は白いハットをかぶる西部劇のようにはいかないのです。

　さて今や、物語の持つイメージに、さまざまな陰影を得ることになりました。もちろん、飢饉は飢饉であり、それが悲惨であることに違いはありません。しかし、亡命が可能だったのは、もっぱら、貧者の中の最も貧しい者ではなく、かえって比較的豊かな者だったという一つの側面にも気づかされました。ならば、この危機の時代における連帯とは、いったい、何を意味するのでしょうか。今や、この一家が「よそ者になる」というときに、新しいニュアンスが加わっています。彼らは、問題なく身内《インサイダー》だとみなされていた場所から、私たちからすると考え直すべきとも思われるような動機を含む、さまざまな動因によって、外部者《アウトサイダー》となるべく異国の地に移ったのでした。そのようにこの物語を読むと、困難な時代における連帯という主題についても、やはり考え直さなければならなくなります。その際、改めて問われるのは、「あなたはどの共同体に属するか」ということです。信の問題、つまり信頼関係と帰属の問題が、この問いと何らかの形で関わっていることにハッとさせられます。すばらしい物語がすばらしい所以《ゆえん》は、それが単純には進まないのに、ハッと気づいたときには事柄の核心にふれているように、私たちを導く点にあります。さて、いずれにしても、これが単に道徳的な帰結に向かわせる物語ではないことには注意をしましょう。たとえば、運命の一撃に直面する移民たちのことを「悪しき亡命者」などと決めつけることがあってはなりません。エリメレクが死に、マフロンとキリヨンが死んで、愛らしい者と呼ばれたナオミが残されます。彼女はもうこれ以上苦しまなくてすむように、もがき抗《あらが》いました。外国人であるふたりの嫁も共にいます。あるときナオミは、ベツレヘムへ帰らなければならない、と思い至ります。というのも何より、かの地で飢饉が過ぎ去ったという知らせが耳に入ったのでした。しかし、同時に気づかされたこともあります。義理の娘であるオルパとルツが同行するのは筋違いだということです。男たちが優位に立つ社会にあって、完全に部外者扱いされる寡婦として、三人は同じ立場にありました。しかしこのまま進むわけにはいきません。それぞれが、自分の民のもとに帰らなければなりません。

さあ、緊張の弧はいよいよピンと張り詰めます。それなのに、いまだ答えはありません。ただ問いだけが、課題だけが、苦境だけがある。そして、希望だけが……。ひるがえって私たちが、自分たちのものとして立てるべき問いもあります。そもそも私たちは、飢饉をどこまで真摯に、日常の問題として受け止めているでしょうか。エリメレクが、自分に属していたものを、自分本位で自らの所有としてのみ考えたように、何らかの大義《いいわけ》で心をおさめて、この問題をするりと通り過ぎるのでしょうか。

私たちはもっぱら、それぞれの場にあって「部内者《インサイダー》」であり、身内に囲まれて生きています。少なくとも私たちの中では、何らかの形で、同胞に護られた状況にあると言える人が多数派でしょう。では、そのような私たちは、「部外者《アウトサイダー》」としばしば見なされる人々と、どのように向き合うのでしょうか。動機もさまざまに、今もこちらに近づいてくる人々と、どう接するのか。しかし一方でまた、次のような問いもあります。私たちにとって、私たちの共同体、社会、教会の重要性はどれほどのものなのか。他の人から、自分の所属について考えろとか、共同体建設のために何の協力ができるかとか、ここに留まり連帯するつもりはあるか、などと言われるとき、うんざりしてしまう人も多いだろうと思います。しかし同じような問いが、聖書の言葉で、この物語の文脈から問われるならどうでしょうか。神の民から離れ去ることは、あなたにとって良いことなのか。自分の所有物を確保するためだとか、個人主義を確立するためという理由で、共同体を離れることについては、改めて考えなければならないと思わされます。本日、私たちの教会では、教会員の総会がもたれます。いつもと変わらない定例の会議ですが、そこで問われることを、いつもどおりといって簡単に受け流すことはできません。たとえば予算について。私たちは、自分たちが所有しているものを、どのように用いるべきか。さらには信仰生活について。神と人への信頼関係としての信仰を、どのように具体的に深めることができるか。信仰に基づく倫理についてはどうか。このような問いを、外国籍の人々や他宗教の人々との関わりといった具体的な問題と切り離すことはできません。ひいては、どこが「内」で、どこが「外」なのか、これが問題なのです。

私たちの聖書物語は、こういった問題を簡単にあしらうことをゆるしてはくれません。よそ者とされた異邦人ルツは、ナオミのもとで、いや、ナオミの神のもとで、彼女の心をつかんで離さない何ごとかを見出します。

「**わたしは、あなたの行かれる所に行き／お泊まりになる所に泊まります。あなたの民はわたしの民／あなたの神はわたしの神……**」（一・一六—一七）。

そうして彼女は、その本心から「**……死だけが私たちを分かつ**」のだと言うのです。この物語は、常識的に考える人たちの目には、馬鹿げたものと映るでしょう。しかし、このルツが、膏《あぶら》注がれた王ダビデの祖となり、さらには平和の君と呼ばれる受膏者《メシア》、ナザレのイエスの祖たる母ともなります。内と外とをめぐる問題は、やはりそれほど単純ではありません。この緊張の弧が、クリスマスまで私たちを導きます。今日ナオミは、ひとまず帰郷することを決断しました。そのとき彼女は、義理の娘たちにはモアブに留まり、現実を見るよう説得しようとしました。しかしルツは、全く違うあり方で現実を直視し、希望に満ちて、かつ連帯に熱い心をもっていました。それゆえに、彼女はナザレのイエスの系譜に結ばれます。だからこそ、私たちは彼女から学びたいのです。「**あなたの神はわたしの神**」という告白が、私たちにとって何を意味するのかを。

アーメン

（二〇一二年十月二十一日）

〔訳註　ここで「信」と訳したGlaubeは、伝統的に「信仰」と訳される教会用語。ここでは神の御前にあっての「信頼」と「確信」、それにもとづく「信実」を意味領域に含む。本書では、文脈によって訳し分けている〕。

求め―顧《かえり》み―勇気を見出す

ナオミは、モアブの野を去って国に帰ることにし、嫁たちも従った。主がその民を顧み、食べ物をお与えになったということを彼女はモアブの野で聞いたのである。ナオミは住み慣れた場所を後にし、二人の嫁もついて行った。

故国ユダに帰る道すがら、ナオミは二人の嫁に言った。

「自分の里に帰りなさい。あなたたちは死んだ息子にもわたしにもよく尽くしてくれた。どうか主がそれに報い、あなたたちに慈しみを垂れてくださいますように。どうか主がそれぞれに新しい嫁ぎ先を与え、あなたたちが安らぎを得られますように。」

ナオミが二人に別れの口づけをすると、二人は声をあげて泣いて、言った。「いいえ、御一緒にあなたの民のもとへ帰ります。」

ナオミは言った。

「わたしの娘たちよ、帰りなさい。どうしてついて来るのですか。あなたたちの夫になるような子供がわたしの胎内にまだいるとでも思っているのですか。

わたしの娘たちよ、帰りなさい。わたしはもう年をとって、再婚などできはしません。たとえ、まだ望みがあると考えて、今夜にでもだれかのもとに嫁ぎ、子供を産んだとしても、その子たちが大きくなるまであなたたちは待つつもりですか。それまで嫁がずに過ごすつもりですか。わたしの娘たちよ、それはいけません。あなたたちよりもわたしの方がはるかにつらいのです。主の御手がわたしに下されたのですから。」二人はまた声をあげて泣いた。オルパはやがて、しゅうとめに別れの口づけをしたが、ルツはすがりついて離れなかった。

（ルツ記一・六―一四）

親愛なる礼拝共同体《ゲマインデ》のみなさん

ルツ記は、男女のダビデの祖について語る、ひとつの家族の物語です。神が共にいてくださることを示す、心にふれる物語。「運命の一撃」とも言うべき突然の不幸にもかかわらず、人生の歩みが絶えないことを示す物語。望みはないと言わざるをえず、諦めかけたところで、新しい生命力に満ちた歩みが始まる可能性を示す物語です。

人が家族の物語を伝えるときに、いくらか盛り上げて誇張しようとする傾向があることは事実です。わたし自身も、若い頃に「フォン」という貴族の称号で飾られた母方の先祖について話をするとき（中でも有名な教師たちのいた家系として紹介するとき）にはそうでした。鼻高々のわたし自身は、実際のところ、この名を飾る称号など何も持たない平凡な「ペーター」にすぎないのに……。このような場合に語られる家族史は、ほとんどいつでも男たちの物語です。そこでは、家系樹と家督相続者たちの名前が重要視されます。誰が誰の子どもか、誰が誰の跡つぎか。

ナオミとルツの物語もまた、まぎれもない家族物語ですが、そこには鼻高々になる要素などひとつもありません。このお話は、だれも望まない困難と窮乏をもって始まります。しかしその只中で、勇気と真実と知恵と愛が中心的な役割を果たします。宗教的なものが中心を占めることはありませんが、物語のもっとも深い心のうちに、隠れた宗教的とも言いうる真理がある、ということはできるでしょう。

先週ご一緒に聞きましたように、故郷ベツレヘムの飢饉に直面したエリメレクとナオミが、ふたりの息子たちと一緒に異邦の地であるモアブに移り住んだという記述からこの物語は始まります。彼らはつまり「土地の人」から「よそ者」になったわけですが、当初は、そうなろうという積極的な動機も具体的にあったのではないか、と思われる面もありました。しかし、すぐに第二の悲劇が訪れます。夫であり扶養者であったエリメレクが死んでしまうのです。父権制社会のことであり、なんとたいへんな不幸かと思わざるをえません。

いや、それでもナオミには、二人の息子がいます。彼女の人生はなんとか前に進み、まもなく息子たちは、それぞれがモアブ人女性と結婚しました。それにしても、モアブの地や人とのつながりは、ユダヤ人の耳にはひとつの恥や汚点として受け止められたであろうことを、わたしたちは知っておかなければなりません。ベルリンに、モアビットと呼ばれる、町の有名な一画があります。聖書を真剣に読んだユグノーの人々〔フランス改革派の亡命者〕によって、モアブにちなんでそう呼ばれたようです。明るいフランスの地からベルリンの砂地へ追いやられた亡命者たちは、まさに「モアブ」に移ったように感じたのでしょう。すなわちここでの「モアブ」は、故郷から遠く離れた僻地、というイメージで用いられています。

しかし、その恥や汚点のイメージは、聖書における実際のモアブにあっては、さらに深いものがありました。民数記の記述によれば、約束の地への途上にあったイスラエルが、水や食べ物を要求するわけでもなく、ただ当地の通過にあたって見守りを求めたとき、モアブ人はこれを拒みました〔士師記一一・一七も参照〕。そのため申命記〔二三・四―七〕には、その後十代めに至るまで、モアブ人は全員イスラエルの共同体に加わることを拒まれる、という法的命令さえあります。時を超え、否定的な感情が折り重なっていました。

それでも、ナオミの二人の息子はモアブ人女性と結婚しました。しかし、子どもがないままに、さらなる悲劇が襲います。息子であるマフロンとキルヨンもまた、ふたりともに死んでしまうのです。ダビデに繋がる家族史としてこの物語に関心を寄せてきた者たちは、ここで耳をそばだてることになるでしょう。モアブの地にいたナオミは、モアブ人であるふたりの嫁たちとこぞって寡婦になり、飢えと貧困に圧迫されます。ここからどのようにして、ダビデの家族史への展開がなるのでしょう。それだけではありません。この物語には、神の働きの痕跡など残っていないように思われるのです。

これが、この物語全体にピンと張られた緊張の弧です。ここには男性優位の世界における女性の視点があります。もはや夫も息子もいない寡婦である自分に残されたチャンスなど、このモアブの地には無いことが、気丈なナオミにはわかっていました。ところが、そのように途方に暮れていたときに彼女は、神が「その民を顧み」られたので、ベツレヘムにおける飢饉は過ぎ去った、という風の便りに聞くのです。ナオミは、心の堅固さをもった、強く勇気ある女性です。人生を諦めることなく、義理の娘たちと共に、ベツレヘムに帰還する道へと踏み出します。

「ナオミは、モアブの野を去って国に帰ることにし、嫁たちも従った。主がその民を顧み、食べ物をお与えになったということを彼女はモアブの野で聞いたのである。ナオミは住み慣れた場所を後にし、二人の嫁もついて行った。」

ベルン聖堂《ミュンスター》教会の元牧師フリッツ・デュルスト〔一九二七—二〇一五年〕は、ルツ記の説教集の中で、「主がその民を顧み」という翻訳の背後にある「פקד パーカド」というヘブライ語に注目しています〔『あなたの神は私の神』、チューリヒ神学出版、一九八八年〕。「求める」「認める」「介入する」など、さまざまな翻訳の可能性がある、聖書的思考にとって重要な動詞です。「介入する」という意味をあらわすために、ドイツ語ではルター以来、もっぱら「heimsuchen ハイムズーヘン」と訳されてきましたが、この語は、現代人の耳には、ほとんど常に「災難がふりかかる」という否定的な暗いニュアンスで受け止められます。しかし、神を信じることに何らかの意味があると考える者の耳には、そうではなく、ただ苦《にが》く苦《くる》しい経験を否定的に想起させるばかりではありません。「介入」は、私たちの生のただ中で、良いときにも、困難な道のりにあっても、神の存在と認知と働きかけ、あるいは神との出会いがあることを示唆します。いわば、神がわたしたちを「求め（suchen）」、「家まで訪ねて《ハウスズーヘン》（zuhause aufsuchen）」こられる。不意のことであれ、わたしたちを「生活の場《ハイム》にまで求める」という意味で「介入して（heimsuchen）」こられる。このように、少なくともナオミは受け止めたのではないでしょうか。何らかの形で人づてに、神がご自分の民に介入された結果、飢饉が過ぎ去ったと聞き、「主がその民を顧み」られたということに、勇気と希望を得たのです。そこで彼女は起き上がり、嫁たちと一緒に、自分の故郷《ハイム》に帰るべく出立します。何らかの未来、何とか生きていく道が、きっとあるはずだと。けれども、帰途にあって、彼女は次第に揺れ動く気持ちを抱きはじめます。現実を問う心の声また声に、反論することができなくなるのです。この三人でベツレヘムに入ったとして、こぞって受け入れられ、生きるチャンスを得ることなど、本当にありうるでしょうか。そこで……

故国ユダに帰る道すがら、ナオミは二人の嫁に言った。「自分の里に帰りなさい。あなたたちは死んだ息子にもわたしにもよく尽くしてくれた。どうか主がそれに報い、あなたたちに慈しみを垂れてくださいますように。どうか主がそれぞれに新しい嫁ぎ先を与え、あなたたちが安らぎを得られますように。」　ナオミが二人に別れの口づけをすると、二人は声をあげて泣いて……

そう、ナオミは立ち止まって後ろを向き、初めからの状況をもう一度、冷静になって振り返ってみたのです。ここまで自分が望んできたことは、突拍子もないことだったのではないか。この娘たちには、それぞれの道を歩ませなければならない、と。夫も息子たちもその後継ぎもいない中、ふたりの外国人の嫁を連れ年老いた寡婦となった今、故郷にあってさえ彼女は「よそ者」になります。男性によって組織され、支配され、治められている社会にあっては、どうしても「外部者《アウトサイダー》」にされてしまうのです。三人ともにチャンスがあると望むことなど、どうして彼女にできるでしょう。こう気づいた今、ナオミは、言葉を尽くして二人の若い女性たちへの説得を試みます。当時の家父長制のもとにあって、女性たちが現実に条件づけられ、制限されていたことを考慮に入れながら、です。娘たちよ、帰りなさい。これがあなたたちにとって、唯一の生き残る道です、と。けれども二人は、逡巡しながらも抵抗しました。あらゆる不幸にもかかわらず、ひとつの家族としてこれからもしっかり結び合って歩んでいきたいと、嫁たちは、涙ながらに答えます。

……「いいえ、御一緒にあなたの民のもとへ帰ります。」ナオミは言った。「わたしの娘たちよ、帰りなさい。どうしてついて来るのですか。あなたたちの夫になるような子供がわたしの胎内にまだいるとでも思っているのですか。わたしの娘たちよ、帰りなさい。わたしはもう年をとって、再婚などできはしません。たとえ、まだ望みがあると考えて、今夜にでもだれかのもとに嫁ぎ、子供を産んだとしても、その子たちが大きくなるまであなたたちは待つつもりですか。それまで嫁がずに過ごすつもりですか。わたしの娘たちよ、それはいけません。あなたたちよりもわたしの方がはるかにつらいのです。主の御手がわたしに下されたのですから。」二人はまた声をあげて泣いた。オルパはやがて、しゅうとめに別れの口づけをしたが、ルツはすがりついて離れなかった。

心揺さぶられる場面です。ナオミはまず、世の中にあって自分を制限する生の条件を理由として語ります。まずは彼女自身が、嫁たちの新しい夫となるような息子を生むことはもはや叶わないことを告げるのです。ナオミはここで、先行きに目を向けています。この先いよいよ明らかになる世の現実について……。すなわち家父長的な文脈にあって、夫のいない女たち、とりわけ子どもがいない女たちが必要とされず・保護されず・助けを得ることもなく・法的にも日常的にも疎外されるという、動かない現実の見通しを示して説得しようとするのです。子を産むことが女の責務ではありませんか、それをもって女の人生は先に進むのではありませんか（と自分に言いきかせながら）……。

そこでオルパは了解し、自分の家族のもとへ帰ってゆきました。一方のルツは、しかしながら、ナオミのもとに留まります。ここでもう一度、ルツがモアブ人であったこと、イスラエルで異宗婚が禁じられた時代であり、よそ者に冷たく厳しい風潮があったことを思い出してください。その中でルツは心を決めました。自分たちの愛に信頼を寄せ、夫を失いながらも共に誠実であった経験や、自ら約束した言葉の真実を思い出したのです。いつのまにか彼女は、より大いなる物語の、つまり神の物語の一部となっているのではないでしょうか。いつのまにか彼女は、自分なりに、天来の「介入」の出来事には、人間の歩みの明るい暗いにかかわらず、肯定的な意味があることを理解していたのではないでしょうか。神がわたしたちを求めてくださるときに、わたしたちはそれに応じる可能性、愛に信頼を寄せる可能性、互いに忠実であり、信実である可能性の中に置かれます。愛に応じる関係の中で、私たちは、共なる人間をとおして、神を知るのです。神の愛と人間の愛は、伴いあっているのです。

ナオミは、印象的な言葉をもって嫁たちを説得しようとしました。

「どうか主がそれに報い、あなたたちに慈しみを垂れてくださいますように。どうか主がそれぞれに新しい嫁ぎ先を与え、あなたたちが安らぎを得られますように。」

「慈しみ」の信実というならば、ルツには生きる試みの中で、自ら経験したものがあります。

そこで、理性や現実主義の殻を破る希望と真理があることを知り、そこに固く立ちたいと考えたのです。ルツは、神の歴史がわたしへの報いでもあると知り、神が私を受け入れ、顧みのうちに置いてくださることを信頼します。いずれわかるとおり、その信頼のゆえに、彼女はダビデの祖となり、それればかりか、イエスの祖たる女性とされるのです。男性優位にして種族や民族の狭い関係にも縛られたあり方を、その根の部分から打ち破る、新たな信仰の始祖たる母。パウロならこう言うでしょう。

「そこではもはや、ユダヤ人もギリシア人もなく、奴隷も自由な身分の者もなく、男も女もありません。あなたがたは皆、キリスト・イエスにおいて一つだからです。」
（ガラテヤの信徒への手紙三・二八）

敬愛するみなさん、強かに希望に生かされた二人の女性ナオミとルツをめぐって、これから物語がどのように進んで行くことになるか、私たちも見ていくことにいたしましょう。ルツは今や、ナオミの疑いや不安に打ち克ち、一緒に歩んでいくことになりました。それはすなわち、ルツが大いなる歴史の一部になったことを意味します。まずは、よそ者の疎外された状態から共同体の一員となるために、ふたりがどのように互いに協力し、共に知恵を絞って戦略を練り、駒を進めていくことになるかに注目すべきでしょう。そこに、ふたりが命の可能性を信じ、神の介入に積極的な意味で信頼していることが、明らかになるはずだからです。

女性の力がみなぎる、なんとすばらしい物語でしょう。それにしてもやはりキリスト教が、家父長制の典型のような状態からの解放の道を、ふたたび阻んでしまっていることは、なんと悩ましいことでしょう。宗教改革をルーツにもつ教会として、改革派教会として、そして、このルツからイエスにいたる大いなるラインをふたたび見出し、真摯に受け止める一個の教会として、もっと勇気をもって力強く、実践的に訴えるべきです。わたしたちの教会に女性牧師たちがいること、そして男性優位の考えが神学的な思考パターンと混同してしまうような状態を捨て去ること（少なくともあらゆる場面でそうめざすこと）を、わたしたちは承認したうえで、教会規則に明記し、現実の生活においても受け入れています。神の民の領域にあって、女と男の間には、ただ平等な権利と平等な霊性があるばかりです。正教会や保守的なローマ・カトリック、その他の神学者とのエキュメニカルな交わりの中で、残念ながらわたしたちは非難されています。女性の按手は、わたしたちにとって、誇るべきことです。わたしたちは、どうしてこのことについてもっと喜ばしく開放的に立ち場を確認し、よりはっきりとした立ち場を表明して、対話に入ることをしないのでしょうか。

異邦人の嫁ルツは、しゅうとめが突然自分を拒み、現実主義から懐疑的になってしまったときにも、勇気を奪われませんでした。ルツは神を信頼しました。わたしたちを求め、その人生に介入し、顧みてくださる神を。そしてそのゆえに、神の物語は続きます。わたしたちも、自分のこととして尋ねてみるべきかもしれません。わたしたちは、どこかで勇気を失ってしまってはいないだろうか。どこかで誤った現実主義にたじろぎ、神の物語がわたしたちのもとで続いてゆくことを、阻んでしまってはいないだろうか、と。

アーメン

（二〇一二年十月二十八日）

前を志向する――宗教改革を記念して

わたしたちはこの地上に永続する都を持っておらず、来るべき都を探し求めているのです。
（ヘブライ人への手紙一三・一四）

親愛なる礼拝共同体《ゲマインデ》のみなさん

今日は、宗教改革記念日*です。福音主義《プロテスタント》・改革派に属するわたしたちの教会にとって、いわば誕生日ともいうべきこの日を、ご一緒に歴史を振り返りつつお祝いしたいと思います。

ただ、宗教改革というものは、単なる過去の焼き直しでも、昔の状態をただ修復することでもありませんでした。そうではなく、わたしたちが自らを義と認めることができない一方で、神がわたしたちに近づき義と認めてくださるという力に満ちた使信《メッセージ》の、活き活きとした新発見・再発見の出来事でした。この使信はわたしたちを内から自由にすると同時に、現実に即して生きる者とします。というのも、そこでわたしたちは、本来のわたしたちが現実にどのような者なのかを知ることができるからです。ここに、価高い、すべてのキリスト者の自由があります。このような意味で「改革（Reformation）」とは、再《レ》・形成《フォルム》（Re-Form）であり、新しい生き方や形式の発見、新しい自己への方向付けだと理解されます。そこから現代に通じるものも多く、わたしたちの時代に至って「現代」という言葉がもつ力動性《ダイナミクス》の、少なくともその一部が、生まれ出ています。

先週月曜日に、ここフラウミュンスター教会で行われた牧師会の主題聖句に新約聖書『ヘブライ人への手紙』からの一句が選ばれたことは、宗教改革記念日に備える集会として、実にふさわしいことでした。

「わたしたちはこの地上に永続する都を持っておらず、
来るべき都を探し求めているのです。」

これは、後ずさりをせず、前に目を向けるよう促す言葉です。

集会では、三人の講演者がこの聖句について話をしてくださいました。

チューリヒ大学のサムエル・フォレンヴァイダー教授は、原始教会のキリスト者たちが、エジプトの奴隷の家から導き出されたイスラエルの民と同じように、希望に満ちて新しい地へ・新しい未来へと旅立っていったことを、印象深く示されました。市区における諸権利が、数少ない市民のために確保されるという古代の市民権の理想に抗《あらが》って、最初期のキリスト者たちは、次のように強調していたといいます。わたしたちは自分の祖国ではよそ者である。なぜならわたしたちの所属する、わたしたちの故郷は、もっとずっと大きく広い範囲に及んでいるからだ、と。わたしたちがその民として属する新しい神の都について、イエスは語っておられました。神の都、それは、古い一族の出であるとか、市民権を所有していると言っては誇る、ここそこにいる者たちに限らない、より多くの人間を包含しているのだ、と。

チューリヒ市議会のアンドレ・オーダーマット議員は、市の建築部長としての立場から、聖書の言葉を自分なりに読み取っておられました（スイスでは、建築局（Hochbauamt）の上部に位置するのが建築部（Hochbaudepartement）です）。氏は、都市は絶えず変化するものであり、そこが故郷であるかどうかは、実際のところ町や教会の建物にではなく、人と人との諸々の関係にかかっている、と言います。そして、「**来るべき都を探し求めている**」という聖書本文がやはり、不安に駆られて後ろ向きになるのではなく、前をしっかり見据えていることに、感銘を受けたというのです。そして、続けて氏が言うには、チューリヒ市に存在するわたしたちの教会も、なお多数派であった時代をノスタルジックに振り返るばかりで良いはずはなく、（大いなる）少数派として、新しいことを大胆に敢行するための備えをしなければなりません。とくに今、前を向き、新しい自由の余地と確かな未来を得るためには、すべての教会建物に固執しないことだ、というのです。

三人めの講演者、映画監督のサミール・ジャマル・アルディン氏は、スイス人の母親とイラク人の父親のもとに生まれ育った方ですが、スイスを自分の国だと感じるに至るまでに、どれほどの苦難があったかを、心に迫るあり方で語られました。その難しさは何に由来したのか。それは、だれもがその父親を理由に、あるいは彼自身の外見を理由にして、サミール氏を外国人とみなしていたために、氏としても、自分は受け入れられていないと思わざるをえなかったからだといいます。受け入れられていないというこの感覚は、まずは心の中で、スイスへの憎しみに変わったそうです。しかし、ここからはまるで聖書の福音を思わせるようなお話で、その憎しみが転じて、ついには愛になったというのです。この町に属していること、なによりこの町にいる人々に結ばれていることへの愛。サミール監督はこう強調なさいました。まさに人間に結ばれるということは、誰がどの団体や市町村に属していて、誰がそうではないといった狭い定義をこえる、より大きな共同性に関わることなのだということです。

以上の主題は、ルツ記講解を進め、今日はかの有名な箇所に差し掛かるわたしたちにとっても、時宜にかなっています。つまり、ルツがしゅうとめのナオミに向かって、後ずさりせず前を向いて、次のように言うあの場面です。

「わたしは、あなたの行かれる所に行き
お泊まりになる所に泊まります。
あなたの民はわたしの民
あなたの神はわたしの神。」

この言葉をルツがナオミに語ったとき、その人生は劇的な危機によって、大きな転機を迎えていました。常識的な基準からすれば、彼女の決断は突飛です。けれどもあるいは肯定的に、深い信仰に基づく強い確信と信頼に満ちている、と表現することもできるでしょう。先週までの二回の礼拝で聞いてきた、物語のここまでの状況を確認します。飢饉のため、ナオミとその夫エリメレクは二人の息子と一緒に、よそ者としてモアブに移りました。その後夫は死にますが、息子たちは各々《おのおの》モアブ人女性と結婚し、人生はほどなく先に進みました。しかし十年の後、その息子たちが二人とも、子をもうけることなく死んでしまったのです。この状況については、現実的に理解する必要があります。三人の寡婦が、家父長的な社会にあって、護りも養いもないままに、本当の命の危機に瀕しているのです。そこでナオミは嫁たちを連れ、帰郷の途につくのですが、その共なる歩みは、彼女が我に返って身をすくませ、立ち止まるまでのことでした。今やわたしも故郷を棄てた「よそ者」に等しいのに、さらにふたりの外国人の嫁まで連れている。たとえベツレヘムに行っても、三人ともに生き残ることはできないだろう。そう考えたナオミは、オルパとルツに願い出ました。帰りなさい！　モアブの家族のもとでなら、ひょっとすると二人にまだ新しい夫を見出す機会が、つまり今とは違う新しい人生の可能性があるかもしれません。この言葉を受け、オルパはモアブに帰りました。しかし、ルツは、そうはしませんでした。

二人はまた声をあげて泣いた。オルパはやがて、しゅうとめに別れの口づけをしたが、ルツはすがりついて離れなかった。

ナオミは言った。

「あのとおり、あなたの相嫁は自分の民、自分の神のもとへ帰って行こうとしている。あなたも後を追って行きなさい。」

ルツは言った。

「あなたを見捨て、あなたに背を向けて帰れなどと、そんなひどいことを強いないでください。

わたしは、あなたの行かれる所に行き

お泊まりになる所に泊まります。

あなたの民はわたしの民

あなたの神はわたしの神。

あなたの亡くなる所でわたしも死に

そこに葬られたいのです。

死んでお別れするのならともかく、そのほかのことであなたを離れるようなことをしたなら、主よ、どうかわたしを幾重にも罰してください。」

同行の決意が固いのを見て、ナオミはルツを説き伏せることをやめた。二人は旅を続け、ついにベツレヘムに着いた。

ベツレヘムに着いてみると、町中が二人のことでどよめき、女たちが、ナオミさんではありませんかと声をかけてくると、ナオミは言った。

「どうか、ナオミ（快い）などと呼ばないで、マラ（苦い）と呼んでください。全能者がわたしをひどい目に遭わせたのです。

出て行くときは、満たされていたわたしを
主はうつろにして帰らせたのです。

なぜ、快い（ナオミ）などと呼ぶのですか。

主がわたしを悩ませ
全能者がわたしを不幸に落とされたのに。」

ナオミはこうして、モアブ生まれの嫁ルツを連れてモアブの野を去り、帰って来た。二人がベツレヘムに着いたのは、大麦の刈り入れの始まるころであった。


（ルツ記一・一四―二二）

ここにふたたび、あのモチーフがあります。後ろ向きでなく、退かず、不安にかられて目先の安心にすがることもない。信じる者は、ただ伝統を振り返ろう・伝統に沿っていこうとするのではなく、ルツのように、現実的でありながら同時に希望に満ちて、前を志向します。ルツは実際、ナオミとの関係のなかで、イスラエルの神に関わる何らかの体験や感覚をもっていたようです。信仰は、聖書に即した何らかの所与の世界観や、古代における世界の表象《イメージ》、あるいは現代にも通じる世界の見方や、宗教をめぐる何らかの理念・教理をそのままなぞるから「聖書的」なのではありません。そうではなく、深い信頼、神との関係、そこに生まれる希望をもって初めて、その信仰は「聖書的」だというのです。闇雲に求めるのではなく、それでいて、勇気をもって何ごとかを敢行し、前を志向することができるのは、神がこの世界の創造者、保護者、刷新者であられることへの深い確信があるからにほかなりません。

　またそれゆえに、聖書においてはくり返し、そのような信に溢れて大胆で、心の定まった、力強い人物が立ち現れてくるのです。彼らは不安そうに振り返ったりせず、前を見て、何ごとかを大胆に敢行します。たとえばイスラエルの父祖アブラハムがそうでした。彼は、生活を保障するもろもろの人間関係が存在したウルの地から離れましたが、それは、神からの語りかけを受けたと信じたからでした。彼には信頼があったので、その語りかけが自分に向けられていることを知ったのであり、そこから大胆な道が開けたのです。これをもって、大いなる物語は始まります。

　出エジプトの指導者モーセもそうでした。彼は自由に向かう勇気を示し、人々を突き動かしました。時のファラオに向かって「わたしの民を行かせてください」ということは、どれほど躊躇《ためら》いに満ち、現実にありえないと思われたことでしょう。ファラオの奴隷が、官憲を前にしてどのような状態に置かれていたか、またそれを支配した国家の権勢がどれほどのものであったのかについて、聖書に記述されています。モーセと彼に従う民は、その主権権力の優勢に相対《あいたい》して、神への信頼のゆえに、大胆にも逃亡を試みたのです。そうして、ひとつの大いなる物語が、前進することになりました。

ルツも、やはりそうだったのです。しゅうとめのナオミから聞かされていたであろう言葉への信頼、共に生きる経験の中で知った信実、それらを重ねて深まった具体的な信頼関係。今この瞬間、当のナオミが躊躇と絶望の色を示さざるをえないところでも、ルツはこの信頼関係に固く留《とど》まって言うのです。わたしは、神の大いなる物語の一部になったのだ、と。やはりこれは、ひとつの家や民族の物語以上のものだと言わざるをえません。そうでなければ、よそ者であるこのモアブ人女性が、非常に危機的な状況の中で、まさに今こそはという時に「**あなたの神はわたしの神**」などと言うはずがありません。

「**あなたの神はわたしの神**」！　なんと大それた言葉でしょうか。バビロン捕囚からイスラエルの民が帰還した後、ネヘミヤやエズラの時代かそれ以降に書き伝えらえた言葉だと言われますが、そうだとすれば、これは史的文脈に即して正しく理解する必要があります。当時の神学的な指導者たちは、今こそ民の「清さ」を保たなければならない、と主張していました。この民に属する者でなければ、「**あなたの神はわたしの神**」などと言うことは許されないし、混血婚・異宗婚などもってのほかだ、と。ルツ記は、よりにもよって、このような時代に、悲惨な試みを経てなお前を向く異教徒の寡婦を通して、いかに神の歴史が前進したかを語り伝えるのです。

「あなたの民はわたしの民／あなたの神はわたしの神。」
「わたしは、あなたの行かれる所に行き……ます。」
「死だけがわたしたちを分かつのです。」

これらは、およそ考えうる限り、もっとも力に満ちた約束の言葉です。だからこそ、伝統的に結婚式で語られ、麗しい時を彩ってきたのです。もちろん、「死がふたりを分かつまで」という誓約文を前にして、現実を見るがゆえの目下の躊躇《ためら》いが、ふたりの間に生じる場合もあります（本当にこの結婚は生涯にわたって続くものだろうか）。しかし、わたしはそのような新郎新婦にも、文言はどうあれ、この人生全体に及ぶ広い地平を、誓約にあたってふたりが共有する意味は大きいのだと、伝えるようにしています。

さあ物語は前に進みます。ナオミとルツのふたりは、ようやくベツレヘムにたどり着きました。ちょうど大麦の収穫の始まる頃に到着したとありますが、この時期に帰り着いたことは、ふたりが生き残るためには決定的なことでした。このことについては、また後日お話ししましょう。

わたしたちは、今日が宗教改革記念日である、というお話から始めました。宗教改革とは後ずさりではなく、神がわたしたちに臨み、義としてくださるという麗しい使信に基づいた、希望と確信の再発見の出来事だと、わたしたちは冒頭から確認しています。目下わたしたちは、チューリヒ市の教会として、将来の可能性を開くための構造改革に向かう重要な局面を迎えています。**わたしたちはここでも、不安にかられて後ろ向きになる必要はありません。年月を重ねて膨れ上がった組織に固執して、それらを十全に保持することができた時代にすがる必要はないのです。そうではなく、わたしたちは大胆に勇気をもって、また確信をもって、前方を見なければなりません。わたしたちは、この都市における少数派として、しかも重要な、いわば大いなる少数派として、どのように今後の時代を生き抜いていくべきでしょうか。わたしたちは教会共同体の組織構造を実情に合わせ、諸教会の教会員を一つの共同体にまとめ、いくつかの教会堂は閉じなければならないでしょう。しかしそれは後退ではありません。むしろ、それはひとつの解放の出来事となるでしょう。わたしたちは、財政の面でも人材の面でも、新しい自由な領域を得ることになります。わたしたちは新しい力点を得て、新しく出立するのです。

しかし、もっとも重要なことは、わたしたちが互いの信頼関係を改めて見出すことです。ここで信頼関係とは、生きた信仰と、良い神学に由来する信実の関係のことを言います。わたしがこのように限定するのは、信頼という言葉が、他にもさまざまな方向に向かいうるものだからです。今日《こんにち》あまりに多くの人々が、宗教の場でも、まるで取引先の顧客を扱うかのような現状の諸分析や、マーケティング、あかぬけした公告、切り込んだイベント戦略に「信頼」を寄せています。もしわたしたちが、このナオミとルツの物語に導かれて歩もうとするなら、おそらくもっと良いあり方を採ることができるのではないでしょうか。本質にふれる核心部分というものは、深く隠れるように存在し、かつ飾り気なく単純なものです。その深みに希望は息づくものですが、その希望を養うものが、生きた信仰なのです。ルツはナオミのもとで神について耳にしました。ポストモダンの時代精神による「どのような基準によるかはわからない」という姿勢を前提とする、ある宗教性について聞いたのではありません。そうではなく、ひとりの人格的な神について聞いたのです。その場合の神とは、信頼にたるお方であり、わたしたちを求め、わたしたちに近づき、順境においても逆境においてもわたしたちの生に介入されるお方です。信仰は、もろもろの出会いと関わっています。神との出会い、それはほとんどの場合、人間の仲介を伴っています。ルツが神の大いなる物語について聞き知ったのは、確かで深い信に生きるナオミのもとでのことでした。神の物語に接したルツは、そのもとで自らも「信頼」という確かなものをつかみ取っていました。そして、決定的な場面で心に疑いと不安とを抱くようになっていたしゅうとめに対して、こう言うことができたのです。


「あなたの神はわたしの神」

「わたしは、あなたの行かれる所に行き……ます。」

「死だけがわたしたちを分かつのです。」

それゆえに、この物語は、前へ前へと進みます。そして今や、このわたしたちもまた、この神の物語に連なっているのだと思うのです。

わたしたちの信の力と、わたしたちの教会の未来は、マーケティング戦略にかかっているものではありません。そうではなく、あの信頼にたる神が、「あなたの神はわたしの神」と語り合うわたしたちと共にいて、導いてくださるかどうかにかかっているのです。わたしたちはその神のもとで、ただ諸々の伝統に沿って歩むのではなく、相伴《あいともな》って前を向き、互いに勇気を示し合って、ひとつの道を歩んでゆきます。そうしてわたしたちを結び合わせる希望はさらに輝きを増し、わたしたちは、喜ばしく闊達に生き延びることになるでしょう。

アーメン

（二〇一二年十一月四日）

＊ 一五一七年十月三十一日、ヴィッテンベルクのマルティン・ルターが宗教改革運動に繋がる九十五箇条の提題を公にしたとされる日から、プロテスタントをはじめとする世界の多くの教会では、毎年十月末日や、その前後の日曜日を、宗教改革記念日と定めている。同じようにフラウミュンスター教会を含むチューリヒの改革派教会でも、十一月最初の日曜日に記念礼拝が行われることが慣例である。

なお、スイス宗教改革は、一五一九年にチューリヒのグロースミュンスター（大聖堂）の教区司祭に着任したウルリヒ・ツヴィングリによって始められ、その数年後に同市参事会が公的に承認するかたちで展開した。グロースミュンスターの川むかいに位置するフラウミュンスターもまた、歴史の舞台となった教会であり、たとえば旧・新約のチューリヒ訳聖書の翻訳作業が行われたのは、それぞれの聖堂においてである。「源泉に帰れ（ad fontes）」を合言葉としたルネサンス期の時代精神をもって聖書的信仰に立ち帰ろうとするなかで、ルター的な「信仰義認」の教えの真理性が確認されるとともに、本説教で言及されるような「前向き」で未来志向の大胆な改革が、教会内にとどまらない社会の具体的な構造改革にまで及んだ点で、この地の信仰運動は際立った特徴を示すものだった。なお、改革者ツヴィングリのモットーは、「神のためになせ、いくばくかの勇敢なことを」だったと言われる。この言葉が、しばしばスイスの改革派教会の画期に語り継がれてきた経緯が、本説教の歴史的背景としてある。

＊＊　二〇一二年当時、チューリヒ市内の改革派諸教会が志向していた教会組織の構造改革の議論が、本説教の同時代的背景としてある。その後、宗教改革五〇〇年を記念する二〇一九年一月に至り、チューリヒ市内の各個教会共同体総会は解体され、一〇地区四〇教会約七五〇〇〇人の会員を統合する一個教会共同体としての「チューリヒ改革派教会」（Reformierte Kirche Zürich）が生まれた。それ以来、フラウミュンスター教会は、同じく旧市街に建つグロスミュンスター教会、説教者教会、聖ペーター教会およびヴァッサー教会とともに「（チューリヒ改革派）教会第一区」（Kirchenkreis eins）に属するものとなっている（写真参照　本書裏表紙で一番前面に写るのは説教者教会。フラウミュンスターはその右奥）。

本説教からは、七年後に実現する大きな「教会改革」に向けて、すでに多面的で豊かな対話が、教会内外でなされていたことがうかがえる。

恵みを見出し、恵みに生きる

二人がベツレヘムに着いたのは、大麦の刈り入れの始まるころであった。

（ルツ記一・二二）

親愛なる礼拝共同体《ゲマインデ》のみなさん

わたしたちが今日読み始めるルツ記二章には、このように目立たない導入句があります。たいていの人は、時期についての言及だという以上の意味を見出すことがありません。しかしほんとうのところ、この句が伝えるのは、ここに助けと生存のチャンスがあるのだ、ということです。もしナオミとモアブ人であるその嫁ルツがベツレヘムにたどり着いた時期が、大麦の収穫期ではなく、冬だったとしたら、彼女たちはあるいは飢え死にしてしまったかもしれません。それが、ついにさまざまな運命の一撃ともいうべき不幸に見舞われてきた彼女たちにとって、決定的な一撃になっていたかもしれないのです。飢饉のとき、共にベツレヘムからモアブへ旅をした夫であり扶養者であるエリメレクが死に、さらには息子マフロンとキルヨンのふたりともが、それぞれモアブ人女性を娶ったうえで死んでしまった後に、ナオミは寡婦として残されました。保険制度も福祉局も路上での炊き出しもない社会にあって、寡婦としてどのように生き続けることができたでしょうか。

しかしそのようなときには、神への信仰と希望、勇気と確信についての物語もまたやはり、存在するものです。ここではさらにはっきりと、それが神の摂理ともいうべき守護についての物語として示されます。ナオミは、異邦の嫁であるルツを連れて、大麦の収穫期に帰郷しました。今やそこに、古代イスラエルの社会法典による救済と保護が与えられることになるのです。その法は、イスラエルの神の戒めに由来するものでした。レビ記一九章九節以下にこうあります。

穀物を収穫するときは、畑の隅まで刈り尽くしてはならない。収穫後の落ち穂を拾い集めてはならない。ぶどうも、摘み尽くしてはならない。ぶどう畑の落ちた実を拾い集めてはならない。これらは貧しい者や寄留者のために残しておかねばならない。わたしはあなたたちの神、主である。

神は憐れみ深い方であられるので、わたしたちも憐れみ深くあるべきである。神は義《ただ》しい方であられるので、わたしたちもまた義を行うべきである。そしてそれゆえに、本来神のものである土地を自分の思いで無制限に所有できるものと考えてはならない。人には、これはとにかく議論の余地なく全部わたしのものなのだから逆らうな、などと言ってはならない事態があるということです。古代イスラエルの法によれば、寡婦、孤児、貧しい者や寄留者には、飢え死にしないよう、他人の私有地で落ち穂拾いをすることが許されていました〔申命記二四・一九も参照〕。彼らには、収穫作業の一行が、まずはひとたび通った後に残ったものを、拾い集めて食べることが許されたのです。

第二の社会的な保護といえば、それは氏族によるもの。氏族とはつまり、血縁を中心とした親類関係のネットワークです。それゆえ続く物語の中で決定的に重要な要素は、ナオミとルツがどのようにしてついに再びこの社会のネットワークに入

るのか、ということです。ただ、それだけではありません。彼女たちはその際、ほんとうにふさわしい形で家族となることができるのでしょうか。家族・親族といっても愛を失ったものである可能性も、搾取的である可能性もあります。この物語全体を覆うあの大いなる緊張の弧が、ここにも現れます。ふたりは決定的なかたちで外部者《アウトサイダー》であったところから、どのようにして再び「身内（内部者《インサイダー》）」になることができるのでしょう。共同体に属し、ふさわしい保護を受け、あるいはさらに愛されて、未来に開かれたチャンスを得ることなどありえるのでしょうか。さてここで、この短い導入後、いくらかの理解の助けをえたうえで、聖書本文をお読みいたします。

ナオミの夫エリメレクの一族には一人の有力な親戚がいて、その名をボアズといった。モアブの女ルツがナオミに、「畑に行ってみます。だれか厚意を示してくださる方の後ろで、落ち穂を拾わせてもらいます」と言うと、ナオミは、「わたしの娘よ、行っておいで」と言った。ルツは出かけて行き、刈り入れをする農夫たちの後について畑で落ち穂を拾ったが、そこはたまたまエリメレクの一族のボアズが所有する畑地であった。

ボアズがベツレヘムからやって来て、農夫たちに、「主があなたたちと共におられますように」と言うと、彼らも、「主があなたを祝福してくださいますように」と言った。

ボアズが農夫を監督している召し使いの一人に、そこの若い女は誰の娘かと聞いた。召し使いは答えた。

「あの人は、モアブの野からナオミと一緒に戻ったモアブの娘です。『刈り入れをする人たちの後について麦束の間で落ち穂を拾い集めさせてください』と願い出て、朝から今までずっと立ち通しで働いておりましたが、今、小屋で一息入れているところです。」

ボアズはルツに言った。

「わたしの娘よ、よく聞きなさい。よその畑に落ち穂を拾いに行くことはない。ここから離れることなく、わたしのところの女たちと一緒にここにいなさい。刈り入れをする畑を確かめておいて、女たちについて行きなさい。若い者には邪魔をしないように命じておこう。喉が渇いたら、水がめの所へ行って、若い者がくんでおいた水を飲みなさい。」

（ルツ記二・一―九）

異邦人であるルツが、これほどに自発的で、主導的であるということに驚かされます。彼女はあの社会法典によって許され、いや命じられてさえいる大麦収穫後の落ち穂を受け取りたい、というのです。ここでまた印象的なのは、ふたりが共に、ただ運命に身を任せ、意気消沈した様子でいるのではなく、積極的な行動に出ようとしていることです。彼女たちは考えたでしょう。ではどの氏族のもとでなら、自分たちが再び共同体の庇護下に入り、大きなチャンスを得ることができるだろうか。きっとどこかに、何らかの出会いの結び目があるはずだ……、と。

さてここで、わたしたちの物語は、舞台上にボアズを紹介します。ナオミの遠い親戚で、有力・有能な男です。力に満ちた者が、やはり同じように力強い人格者のルツと出会うことになるのです（具体的には、この後に順を踏んでボアズとの出会いについて描かれ、その後に親戚だとわかることになるのですが）。それにしても、ナオミとルツが丁寧に知恵を絞り、いわば戦略的とも思われるあり方で話し合っている姿はほんとうに印象的です。ここから同時に次のこともわかります。当時の女性たちがそれぞれに、どれほどの危険にさらされていたか、ということです。現代のわたしたちの社会ではそうではなくなりましたが、庇護者のいない当時の女性たちには、男たちに引き渡され、その所有の一部とされるにあたって危険がありました（いや、わたしたちの社会の周縁に、なおも不義が存在することは事実です。性の売買のことを考えてください。そのあらゆる現場でも、暴力が伴ってあることを）。したがってルツは、「厚意を示して」くれる人を、〔ヘブライ語を直訳すれば〕その「目に恵みを見出す」ことのできる人を探さなければなりません。

そしてそのような人物がボアズだったのです。ボアズは法的に物事を考える思慮をもち、注意深くありながら、心のあたたかな男の人で、人道的に寛大な性格の持ち主でした。一方で同時に、ボアズも、自分の畑にいるこの見知らぬ女性が気になりました。彼は刈り入れをする農夫の監督に彼女は誰かと尋ね、対する答えから次第に、ルツの物語を知らされることになりました。強《したた》かな心の、勇気ある異国の寡婦の物語。この女性が、しゅうとめのナオミについてベツレヘムにやってきたのは、ナオミが神の大いなる歴史ものがたりの一部になっていることを、最も深い心の内に感じとったからでした（「あなたの神はわたしの神」と信じるほどに）。ボアズはその点に感動したのです。ボアズはこの人が特別な女性であると感じ取りました。引き続いてなされた彼女との最初の対話も印象的です。


ルツは、顔を地につけ、ひれ伏して言った。「よそ者のわたしにこれほど目をかけてくださるとは。厚意を示してくださるのは、なぜですか。」

ボアズは答えた。

「主人が亡くなった後も、しゅうとめに尽くしたこと、両親と生まれ故郷を捨てて、全く見知らぬ国に来たことなど、何もかも伝え聞いていました。

どうか、主があなたの行いに豊かに報いてくださるように。イスラエルの神、主がその御翼のもとに逃れて来たあなたに十分に報いてくださるように。」

ルツは言った。

「わたしの主よ。どうぞこれからも厚意を示してくださいますように。あなたのはしためのー人にも及ばぬこのわたしですのに、心に触れる言葉をかけていただいて、本当に慰められました。」

食事のとき、ボアズはルツに声をかけた。

「こちらに来て、パンを少し食べなさい、一切れずつ酢に浸して。」

ルツが刈り入れをする農夫たちのそばに腰を下ろすと、ボアズは炒り麦をつかんで与えた。ルツは食べ、飽き足りて残すほどであった。ルツが腰を上げ、再び落ち穂を拾い始めようとすると、ボアズは若者に命じた。

「麦束の間でもあの娘には拾わせるがよい。止めてはならぬ。それだけでなく、刈り取った束から穂を抜いて落としておくのだ。あの娘がそれを拾うのをとがめてはならぬ。」

（ルツ記二・一〇―一六）

ルツが示したいくらか隷属的な態度や、自分を卑下する「はしため」のような言葉に、まず、いくらか身の怯むような思いを覚える人もいるかもしれません。ルツはボアズの目に「厚意」（恵み）を見出したと言いますが、そこで少なくともわたしたちは、ふと我に返ります。たとえばわたしたちの世の中で、誰かがまぎれもない家族や共同体の一員となり、相互の結び付きが保証され、社会的にさまざまな保護も適用されるに伴って、このように互いの立場がはっきり上下関係として現れてきてしまう場合のことを考えるのです。そのとき、いつのまにか上の立場にある人〔女性に対する男性や子どもに対する大人・労働者に対する雇い主や部下に対する上司・あるいは外国人に対する母国の人など〕は冷たく、不親切になって、とくにわたしたちの助けが必要な弱い側に対してこそ、優しさと思いやりを失ってしまう危険があるのではないか、と。そのとき、弱い側がすぐにでもハラスメントにさらされる現実が生じるのではないでしょうか。

このような場合に強い立場にある者は、自分が意識するにせよしないにせよ、他者に対してそのように接してしまうものだということを肝に銘じておくべきです。厚意をもって接するか、不機嫌な態度で接するか、一人の人間の目に恵みがあるかないかの落差は、当人がほとんど思わず知らずのうちに如実に現れ出るものです。そしてだからこそ印象的なのは、ボアズが冷たい態度を示すのでも、思いやりをなくして上から目線でものを言うのでもなく、その義務がないところで丁寧に、相手への関心を示して親しく向き合っていることです。ルツはまぎれもないよそ者であり、イスラエルに属さず、むしろ緊張関係を覚えずにはおれない異教のモアブ出身の女です。しかし、彼女の物語に心を動かされたボアズは、その生き方に共感を示しつつ、自分の優位を誇示するどころか、落ち着いた声で農夫たちに指示をしました。落ち穂だけでなく、さらにいくらかの麦束から故意に穂を抜いておいてでも、彼女が充分に食べ物を受け取ることができるようにするのだ、と。わたしたちはここで、このようなボアズの行動に先立って、彼がルツに語っていた言葉の中に、さらなるモチーフが現れ出ていたことに気づかされます。

どうか、主があなたの行いに豊かに報いてくださるように。イスラエルの神、主がその御翼のもとに逃れて来たあなたに十分に報いてくださるように。

ここには、言葉のあやなどありません。ここで言われる報いとは、神による対応のことだと単純に言い換えることができます。ただし、ボアズはここでイスラエルの箴言〔詩編九一・四参照〕を引き合いに出してただ神頼みをしているのではなく、その後に自分で行動に移り、いわば神の協力者として働くべきだと考えています。これはじつに、父祖アブラハムに告げられた、「わたしはあなたを祝福する、祝福の源となるように。あなたを祝福する人をわたしは祝福する」という言葉の系譜に連なる物言いです〔創世記一二・二―三参照〕。

わたしたちの物語において示された、これらの言葉の背後には、社会的な教訓とも言うべき、ある社会倫理が隠されています。それは、今日《こんにち》のわたしたちにとっても重要で、有益な教えです。

第一に、具体的な状況をそのまま真摯に受け止めるべきこと。困窮を直視して言葉にし、当人たちに咎められるべきところはなかったにもかかわらず命の危険が襲ってきたことを受け止めつつ、ひとたび外部者とされたものが再び共同体に入ることが、いかに難しいことかを知るのです。

それから、具体的な人間を、その人格を、そのまま真摯に受け止めるべきこと。それは、決して全く単純なことでも、簡単なことでもありません。なぜならわたしたちはさまざまな先入観や、ステレオタイプ、好ましくない外国人像や敵のイメージに、しばしばひっぱられてしまうものだからです。これらを捨て去ること。目の前に、モアブからやって来たひとりの外国人女性がいる。そのひとりと具体的に向き合うのです。この物語が伝えられた当時、イスラエルには、自分たちは固有のアイデンティティーを失ってしまうのではないか、という不安が広がっていました。それは、バビロンへの強制的な捕囚の体験を経て広がった不安でしたが、それが、外国人への敵愾心を助長するさまざまな措置を生んだのです。ひとつには、たとえば、外国人との混血婚が禁止されました。ボアズには、このような不安に対する免疫があったのでしょうか。彼は、かくたる恐怖心に動揺して身をまかせることもなく、よりにもよってモアブ人の女性に心を動かされています。ルツに向き合う中で、神に相対《あいたい》する者となり、その関係のうちに信頼をいだき、信実を見出し、真理に生きるのです。

そして最後に、社会の構造上、人間の生が条件づけられていることを、真摯に受け止めるべきことです。そこには、どの社会にとっても必要な、保持すべき法があります。人が、それぞれに固有の物語を、固有の顔を、固有の尊厳と生きる権利をもつ、人間らしい存在であることを保証するものであるのなら、そのゆえに、法と法に基づく生の条件は保たれなければなりません。わたしたちの生活の閾《いき》にあるだれもが、命を保証するどの網目からも抜け落ちないようにする必要があります。わたしたちの社会には、連帯拒否の傾向がありますが、わたしたちはその傾向を阻んでいかなければなりません。

ボアズを突き動かし、彼の行動に火を焚きつけた動因《モチーフ》は、「確信」だったのではないかと思われます。神ご自身が恵み深く、憐れみに富み、人間を顧みる方であられるがゆえに、わたしたち人間もまた、恵み深く、憐れみに富み、思いやりをもって他者と向き合うべきだという確信です。この確信が、ボアズに、他者を覆い護る翼を与えました。後に彼がルツと共に、命の系譜においてイエスと結ばれることは、偶然の出来事とは思えません。いや、彼はただ系図上イエスと関わりがあるだけではありませんでした。ボアズを突き動かした動因は、イエスの多くのたとえ話に現れる主題《モチーフ》でもあるのです。神の善、赦し、恵み、そして愛に直面したわたしたちが、その愛の現実に具体的に生きるというモチーフ。憐れみを失い、愛を失ったときのわたしたちが、実際いかにグロテスクであるかを考えてみてください。わたしたちを、人間らしく愛に満ちたものにしようとされる神の働きのうちに、わたしたちが自ら入っていくことは、わたしたちにとって、いま、緊急の課題なのです。

アーメン

（二〇一二年十一月十一日）

応答する責任、新しい人生

しゅうとめがルツに、「今日は一体どこで落ち穂を拾い集めたのですか。どこで働いてきたのですか。あなたに目をかけてくださった方に祝福がありますように」と言うと、ルツは、誰のところで働いたかをしゅうとめに報告して言った。「今日働かせてくださった方は名をボアズと言っておられました。」

ナオミは嫁に言った。

「どうか、生きている人にも死んだ人にも慈しみを惜しまれない主が、その人を祝福してくださるように。」

ナオミは更に続けた。

「その人はわたしたちと縁続きの人です。わたしたちの家を絶やさないようにする責任のある人の一人です。」

（ルツ記二・一九―二〇）

親愛なる礼拝共同体《ゲマインデ》のみなさん

ヨハン・ヴォルフガング・フォン・ゲーテ〔一七四九―一八三二年〕は、よく知られているとおり、大いなる物語の数々を見つめる確かな目をもった人物でした。聖書の『ルツ記』も例外ではありません。彼によれば、この書は「それなりに高度の目的を持ったもの」であり〔彼としても少々高飛車な物言いですが〕、イスラエルの王のひとりとして「それ相応の、興味深い祖先を創作する」〔つまり、ダビデ王の祖に関わる書となる〕ためのものでした〔ゲーテ『西東詩集のよりよき理解のための註解と論考』〕。しかし、続いてゲーテがこれを「もっとも愛らしい小作品」であり「言うならば一篇の叙事詩ないし田園詩ふうの作品」と評する点は疑問が残ります。

この誤解は奇妙です。どのように読めば、『ルツ記』が「田園詩ふう／牧歌ふう」だということになるのでしょうか。牧歌的とは、あらゆる争いや緊張とは程遠く、痛みがない状態をいいます。むしろ『ルツ記』は、第一義的に、悲劇に打たれた人間の苦しみの物語ではなかったでしょうか。それは、死をも伴う数々の痛ましい経験の物語であり、実存に関わる窮乏の物語でした。ナオミとルツという、夫をそれぞれに失った二人の寡婦の物語のどこが、牧歌ふうだというのでしょうか〔しかも、オルパもあわせるなら、夫に先立たれた女性は、三人にもなります〕。しかしながら、まことに『ルツ記』は、共に助け合って生き、勇気と神信頼を失わなかった女性の物語であり、その意味で『ルツ記』それ自体が、前向きで大胆な力に満ちたすばらしい物語であることには違いありません。

今日は、教会の暦において、待降節《アドヴェント》を目前にして、過ぎ行く一年を振り返る日曜日であり、とくに召天者を記念する礼拝の日（ドイツ語圏では「死者の日曜日」ないし「永遠の日曜日」と呼ばれる日）です。わたしたちは今しがた、この年にわたしたちのもとから離れ、神のみもとに召されたすべての人々を覚えて祈りました。そしてこのナオミとルツの物語を、決して牧歌ふうなどと誤解することなく、むしろこの日にふさわしいものとして覚えています。『ルツ記』は、悲嘆すべき出来事や死にゆく現実を否認して覆い隠す物語ではありません。人生をありのままに描く物語として、ここには苦しみもありのままに描写されます。そのうえで、しかし、その苦しみに打ち克ち、新しい生に生きることについても、同じだけ率直に語られるのです。

死には、じつに多様な顔があります。ときにそれは暗澹《あんたん》とした、恐ろしい表情をしています。まるで強盗のように突然現れ、愛する人を奪い去ってしまったような場合です。あるいは、近しい者が人生の最期まで苦しんで格闘する傍らで、その壮絶な闘いを共に経験しなければならなかったような場合がそうです。しかし反対に、死が良い表情をしていることもあります。人生を全うして味わい尽くすことができたような場合です。そして最期にその人生に頷《うなず》いて、被造物としての死の定めを受け入れ、自らの有限性を肯定することができるような場合です。今日、逝去された方々のご遺族としてこのフラウミュンスター教会の礼拝に出席しておられる方々、みなさんは、死に直面する中で体験なさった人生の明るい側面と暗い側面のそれぞれを携えてやって来られました。逝去された方々と共に経験された、麗しく、素晴らしいものに対する感謝の気持ちを持ち寄られた一方で、ひとりの人を失った喪失感と悲しみの深い感情もまた抱いておられるはずです。そしてわたしたちはみな、死と永遠という主題に直面するにあたって神の御前に抱く問いを共有しているのです。

ナオミとルツの物語は、今日という日にふさわしいものです。なぜならそれが、牧歌ふうどころかむしろ反対に、徹頭徹尾現実的なものだからです。またそれは、人生における転換について、たとえば苦難や困難がどのようにして良いものに転じていくのかについて伝える物語だからです。もちろん、人はそれぞれこの方向転換を実現するために、自らの決断と実際の行動を迫られます。放っておけば苦難が良いものになる、というのではなく、自動的に転換が進んでいくわけではないのです。

この物語における最初の転換のきっかけは、ナオミが夫と息子たちを失い、イスラエルに帰還しなければならないことでした。その嫁であるモアブ人のルツは、ナオミといっしょについて行くと言います。ナオミが行くところにルツも従い、共に行くというのです。じつに、誠実と堅実の物語、そして連帯の物語とわたしたちが呼んできた所以《ゆえん》です。そして、敬愛するご遺族のみなさん、おそらくはみなさんも、まさに同じような体験を、それぞれのありようの中で経験してお られるのではないでしょうか。つまり苦しみがかえって人と人とを結び付け、より人間らしい思いやりと、自己中心からわずかでも離れた、他者に対して開かれた心を示す機会になることがある、ということです。さらに苦しみはわたしたちを、より現実的にします。わたしたちは突然に、人生において何がほんとうに大切なのかを、現実に即して気づかされるのです。たとえば愛や、友情や、誠実な関係のこと。少なくとも私自身の体験においてはそうでした。わたしは、葬儀に集った人たちと対話するなかで、麗しく深い、慰めにみちた多くの事柄を知らされてきたのです。

この物語における第二の転換のきっかけは、困窮のうちにふたりがベツレヘムにたどりついたとき、それがちょうど秋の季節であり、大麦の収穫期だったことでした。そのためルツは、貧しいものたちに対するイスラエルの社会法典にはっきりと記されていたとおり、収穫の地で落ち穂を拾うことができました。ルツもナオミも、こうして食べるようにうながされ、生き続けることができるようになりました。運命の一撃を被り危機に瀕する者たちを受け入れる、そのような社会的な法とネットワークがあってはじめて、社会は、人間らしい生の場となります。

第三の転換のきっかけについては、本日朗読した箇所に描写されています。ルツは、実直で善良なボアズの所有する耕地で、落ち穂拾いを続けることを許されました。その経緯を彼女が報告すると、ナオミが言いました。

「その人はわたしたちと縁続きの人です。わたしたちの家を絶やさないようにする責任のある人の一人です。」

「家を絶やさないようにする責任のある人」と訳されているところは、ヘブライ語で「גאל ゴエール」といい、文字どおりには「買い取る者／解決・解放する者／贖《あがな》い手」（Löser）を意味します。物語はここで、さらなる社会的ネットワークについて言及している、ということになります。それは、いわば救済ネットワークとして社会に張りめぐらされた網でした。この「解放者」によって、物語は決定的な転換へと方向付けられていきます。決して牧歌的なものとはなりませんが、しかし、活き活きとした生に立ち帰る道がここから開かれるのです。

「解放者／贖い手」を意味する言葉（ドイツ語でLöser）は、「救済者／救い主」（Erlöser）や「救済」（Erlösung）という言葉に、どこか通じる響きがあります。一義的には「救世主」（Heiland）という語に並ぶ古い宗教用語として、その本来の意味では日常語として語られることがほとんどなくなってしまった言葉です。「救済」というとき、その概念は、もともとわたしたちの人生を縛る足かせや鎖から「解き放たれる」ことを意味していました。そこで、本日ご一緒に読んでいます「解放者」の物語が、「救済」の意味を改めて具体的な生の問題として理解するための示唆を与えくれるのではないか、とも思われます。その際、物語の背景として、次のことをやはり確認することが必要です。社会が家父長的なものとして建て上げられていたために、男性は家族全体のために責任を負い、それゆえ女性を保護する義務が、もっぱら男性にあったということを、です。もし、ある女性の夫が死んでしまったなら、その兄弟が、あるいは兄弟もいなければそのいとこが、それも不可能であればいとこのいとこが、あるいは次に近い親戚の男性が、寡婦となった女性を「贖う」（lösen）必要があったのです。「贖う」「買い取り解放する」とはすなわちここでは「結婚する」ということです。このような形での婚姻を、「レビラート婚」と言います。

今日のわたしたちの耳には風変わりに聞こえる、というのは、また事実でしょう。わたしたちにとって、結婚とはもはやそのように、命の庇護や経済的保障を根本的な目的とするものではない、とされているからです。しかし当時はそうであり、これがルツの置かれた状況でした。彼女は夫を亡くし、自分ひとりでは生きられない状況下で庇護者もなく、危機に瀕していました。死んだ夫の次にルツに対する責任を負うべき親類が現れて、彼女を娶るのでなければ、この社会では単純に、生きていくことができないのです。ここで、わたしたちはようやく彼女の置かれた状況を正しく理解したことになります。食糧事情も今より豊かでなかった当時にあって、この規定が課した義務は、男性にとっても重たいものがありました。まさに重荷を課せられるようなものだったと言わなければなりません（ひとり以上の成人が毎日の食卓を囲む輪に加わり、多くの場合にはさらに子どもも一緒だったのです）。そしてだからこそ重要だったのは、この法がほんとうにその寡婦のための義務を担う、「誠実な」親戚によって負われることでした。というのも、遠い親戚であるというだけでは、この重荷が十全に担われる保証とはならなかったと言わざるをえないからです。もし不誠実な親族が寡婦を家に迎えたときには、思いやりに満ちた平穏な生活を保つことがお互いにとって難しくなるでしょう。

わたしたちの物語にあってはその点どうだったでしょうか。そこではナオミが、ルツとボアズの出会いを神の定めであり祝福であると喜んで受け止める様子が印象的です。彼女の嫁が、はからずも（！）ボアズの耕地にたどり着き、しかもそこで出会った彼はまた、実直で有力な男性だったのです。しかし、そこにはひとつの障害もありました。レビラート婚を進めることを阻む実質的な困難です。ボアズは親等からすると「贖い手」となるべき夫の次の者ではなかったのです。彼は、いわば社会的な義務からすると、列のもっと後ろに立っていました。そこで、印象的にもふたりの女性たちが、自分たちの人生を左右するこの大事な局面にあって話し合い、行動にでます。しゅうとめのナオミは、ルツがボアズとの関係をさらに深め、ついに彼女の贖い手となってもらうためにはどうすべきかを告げました。運命を決定づけるような助言を与えるのです。ここで、聖書本文によく耳を傾けましょう。ここには、女性たちのきわめて大胆な賭けとそれによる性的な展開、つまりはひとつの誘惑の物語があります。

しゅうとめのナオミが言った。

「わたしの娘よ、わたしはあなたが幸せになる落ち着き先を探してきました。あなたが一緒に働いてきた女たちの雇い主ボアズはわたしたちの親戚です。あの人は今晩、麦打ち場で大麦をふるい分けるそうです。体を洗って香油を塗り、肩掛けを羽織って麦打ち場に下って行きなさい。ただあの人が食事を済ませ、飲み終わるまでは気づかれないようにしなさい。あの人が休むとき、その場所を見届けておいて、後でそばへ行き、あの人の衣の裾で身を覆って横になりなさい。その後すべきことは、あの人が教えてくれるでしょう。」

ルツは、「言われるとおりにいたします」と言い、麦打ち場に下って行き、しゅうとめに命じられたとおりにした。ボアズは食事をし、飲み終わると心地よくなって、山と積まれた麦束の端に身を横たえた。ルツは忍び寄り、彼の衣の裾で身を覆って横になった。

夜半になってボアズは寒気がし、手探りで覆いを捜した。見ると、一人の女が足もとに寝ていた。

「お前は誰だ」とボアズが言うと、ルツは答えた。「わたしは、あなたのはしためルツです。どうぞあなたの衣の裾を広げて、このはしためを覆ってください。あなたは家を絶やさぬ責任のある方です。」

ボアズは言った。

「わたしの娘よ。どうかあなたに主の祝福があるように。あなたは、若者なら、富のあるなしにかかわらず追いかけるというようなことをしなかった。今あなたが示した真心は、今までの真心よりまさっています。わたしの娘よ、心配しなくていい。きっと、あなたが言うとおりにします。この町のおもだった人は皆、あなたが立派な婦人であることをよく知っている。確かにわたしも家を絶やさぬ責任のある人間ですが、実はわたし以上にその責任のある人がいる。今夜はここで過ごしなさい。明日の朝その人が責任を果たすというのならそうさせよう。しかし、それを好まないなら、主は生きておられる。わたしが責任を果たします。さあ、朝まで休みなさい。」

（ルツ記三・一―一三）

先ほど申し上げたとおり、ここには性的な誘惑の物語が語られています。しゅうとめのナオミはルツに策略としての助言を与えました。読み手としては、性もまた人生の大事な側面なのですから、そのまま味わい読むべきでしょう。ナオミはルツに、その日が収穫感謝の日であることを伝えました。そして言うのです。脱穀場のまわりでは、少しだけ（あるいは少なからず？）飲み、食べて、お祝いがなされることでしょう。その後はそのままそれぞれに横たわり、眠ることになるでしょう。娘よ、体を洗っておきなさい。香油を残さず塗りなさい。肩掛けもきれいなものを羽織るのです。けれどもボアズにすぐ悟らせてはいけません。そうではなく、夜遅く、彼が寝静まるのを待ってから、その足元に横たわるのです、と。なんという女性！　ルツは言われたとおりに実行します。ボアズが夜中に目を覚ますと、このモアブ人女性に驚き、その強《したた》かさと、生きようという意志と、その美しい姿と性格に、改めて特別な印象を抱くことになります。そこでルツは彼に、自らの贖い手となってほしいとお願いします。ボアズは何と答えるでしょう。その答えは、然りでした。しかし、問題は、「贖い手」となるべき男が、すなわち彼よりも親等においてより近い親戚がいることでした。もしこの人が義務を果たせないということになったなら、自分が請け負うために備えておこう。それがボアズの答えです。なお問題が残っている。しかし、希望もまた残ったのです。

なんと魅惑的な時だったことでしょう。愛らしく性的な魅力ももって、静かに、かつ目的をしっかり定めてルツはボアズに近づいていました。聖書の中の書としてはいくらか行き過ぎた描写ではないかという声もあるかもしれませんが、わたしはこれが、卑猥なものとは思われず、またいずれにしても性的な描写がこの物語の眼目ではない、とお応えしたいと思います。みなさんは、ナオミがルツの報告を受けた時に、どのように反応し、ボアズについて語ったかを覚えているでしょう。ボアズの耕地から落ち穂を拾い続けることが許されたとルツから聞いたナオミはこう言ったのです。

「どうか、生きている人にも死んだ人にも慈しみを惜しまれない主が、その人を祝福してくださるように。」

ナオミはこの出会いを、神の定め（摂理）として、贈り物として受け止めました。神が生きている人をも死んだ人をもとらえておられると信じたゆえに、女性たちは共に力を合わせて動き出したのです。彼女たちは機会をとらえ、未来を見ています。そして、そのヴィジョンにふさわしくふるまっているのです。

ニューヨーカーであるラビ〔ユダヤ教の教師〕・ツヴィ・ブランチャード氏がベルリンで行った、活き活きとしたルツ記講解を、わたしは聴講することができました。そこでラビ・ブランチャードはこう註釈していました。

ルツが(ナオミのコーチングを受けて)着飾り、女性的な魅力を総動員して臨んだことははっきりとしている。これは、行儀よくしつけられ、普通《ノーマル》の感覚をもった、道徳的な目からすると、いささか向こう見ずで限界ギリギリの印象をもって受け止められるだろう。こんなにも重要な事態に、性の切り札を持ち出しても良いのだろうか、と。

そう切り出したラビ・ブランチャードは、話を続けます。

同じように、ラビたちもこの点で議論をしたうえで、こう言っている。モラルは、しっかり守られ、危険にさらされず、闘う必要のない状態で生きているものたちのためのモラルであることがしばしばだ。そのような者たちは、ルールがすべて守られるかどうかを見張っている。しかし外部に追いやられた者（アウトサイダー）、つまりナオミやルツのような者はそうはいかない。ふたたび共同体の中に入り、そこに結ばれるために闘わなければならないからだ。その者はたいていの場合、勇気をもって大胆な手を打たなければならない。まさにナオミとルツが今や機会をとらえ、ギリギリの領域に歩み出したように、グレーゾーンを突き進まなければならない局面もあるだろう。彼女たちの目的それ自体は、非難すべきものではない。いや、むしろ反対に、それは正しく、まことの正義ともいうべきものであった、と。

そうなのです。ルツとナオミは実直に生きた、ただ生きのびようとしたのでした。そしてふたたび共同体に連なり、人生を続けることができるようにと願ったのです。それは、疑いなく正しいことでした。この女性たちの勇気と希望と連帯の物語はこのように、かくも明るく肯定的に語ります。その明るさに突き動かされて、わたしたちもこう考えることができるでしょう。そうだ、ボアズが次の贖い手ではないという問題はなお残っているとしても、すでに事は動き始めている。ボアズは心動かされ、ルツへの愛がその内に息づき始めている。準備は整ったのだ、と。

このようにわたしたちが聞き始めるや、物語はわたしたちを助けて、わたしたちのモラルの問題について、さらに深く考えるように導いてくれるでしょう。わたしたちが、いかに現実を見ずに、道徳的に他者をたしなめ、いさめようとしてしまうものであるか。モラルは、他者を疎外する働きを推し進めるために奉仕することもあるということを、わたしたちは覚えておかなければなりません。

さあ、今やボアズには、いつでも贖い手として動きだす備えがあります。その結末が実際にどうなるかは、続く物語に示されることとです（ダビデの命の系譜に通ずる結末まで、ぜひそれぞれがお読みください！）。ここでわたしたちは、贖いが、解放のわざを伴う救済とも深く関わっていることを覚えて、待降節《アドヴェント》・そして降誕節《クリスマス》にはじまる新しい一年に踏み出してまいりましょう。贖い、そして救済には、本来あってはならない足かせを取り払う解放のわざが伴っています。人と社会を誤った方向へ導くモラルからの解放、そして罪と死の現実からの解放……。そして贖いと救済には新しい愛が、新しい人生と、続く命の連帯の奇跡が、伴っています。神信仰も、救いの信実も、ただ彼岸（地とは離れた向こう側）だけに関わる事柄ではありません。そうではなく、すでにわたしたちの立つこの場所で、具体的な形でその物語は始まっているのです。なぜなら、わたしたちの主が、わたしたちの命を諦めることなく、**「生きている人にも死んだ人にも慈しみを惜しまれない」**方だからです。

アーメン

（二〇一一年十一月二十五日）

訳者あとがき

本訳書は、スイスの都市チューリヒの旧市街にあるフラウミュンスター教会で語られた、主任牧師ニクラウス・ペーター博士による礼拝説教集（第二巻）である。

第一部の主題は「ヤコブ物語」であり、二〇〇七年一月十四日から三月十一日にいたるまで、創世記二七章から三三章に基づく聖書講解の形で、七回にわたって語られた。翻訳にあたっては、以下の書籍の第二版を底本としている。

Peter, Niklaus, *Die Jakobsgeschichte, Fraumünster- Predigten,* Edition Eigenverlag Kämbel, Opus one, 2008, 2. Auflage 2009.

第二部の主題は「ルツ記」であり、二〇一二年十月二十一日から待降節《アドヴェント》直前の十一月二十五日にいたるまで、ルツ記一章から三章に基づく聖書講解の形で、計五回にわたって語られた（ルツ記四章に関する説教は存在しない)。出版はなされておらず、礼拝後に配布された当時の印刷原稿をもとに翻訳作業を行ったが、教会ホームページにも、同じドイツ語説教が公開されている(www.fraumuenster.ch)。なお、礼拝出席時のわたしのメモと、その後のペーター牧師との対話に基づいて(すなわち耳からの情報で)、一部修正した箇所があることをお断りしておきたい。

なお、出版の計画を始めた当初に予定していた訳書名は、『ヤコブと子らの夢物語』だった。その第二部には、もとは「ルツ記」ではなく、「夢」に関する一連の主題説教を収録しようと考え、翻訳も終えていた。しかし、コロナ禍にあって、「飼い主のいない羊」のような自らと家庭・教会・学校・社会・国家のあり方を問われるなかで、日常を追われるようにさまよった聖書の「父母たち」の物語が、今までになく心に迫るように思われた。

自らの過ちや弱さと向き合い、神と格闘までしながら、きょうだいとの和解への道に突き動かされていくヤコブの姿。災害と病気、弱さと死の陰が覆う文脈で、社会的に疎外されながらも、しなやかにかつ強《したた》かに生きるルツやナオミの姿。ヤコブとルツの物語には、見えない神の摂理のもとで、苦難の淵をさまよい歩いていた者が、ようやく疎外された場所から共同体のただ中に立ち帰ると、ついには思いがけず群れの真ん中で、最も重要な祝福の命の源とされる、という共通点がある。今だからこそ、女性的・男性的のそれぞれの視座から、「さまよう羊」に約束された本質的な命にふれる喜びと希望に立ち帰りたいと思わされる。

ペーター牧師のふたつ返事の賛同をえて、改めて「ルツ記」を説教集に加えるため、訳業を急がなければならなかった。翻訳に大きな間違いがないことを願うところである。それにしても、この間、日本キリスト教会府中中河原教会や恵泉伝道所、同教派の神学校、明治学院大学や私的な勉強会の場で、ヘブライ語ルツ記原典講読と講解を通した学びを重ね、世代や性別や国籍の別をこえた対話を通して、物語の豊かな解釈の多様性にふれ得たことは、ペーター牧師の説教を理解するうえでも大いに助けとなった。この場をかりて、パソコンやスマートフォンの画面越しにでも祈りと学びを共にしてくださったみなさんに、感謝の意を表したい。

翻訳原稿の最初の読者となってくださり、心をこめて推薦のことばをよせてくださった朝岡勝牧師に感謝をお伝えしたい。教派をこえて、みことばに向き合う熱心において、また信仰において、告白的な一致を表明することができることに、主なる神の導きを思わずにはおれない。

本書の出版にあたっては、チューリヒの教会員によって支えられる「チューリヒ・フラウミュンスター協会」(Fraumünster-Verein Zürich) の助成を受けることが許された。昨年の来日時に本書の計画を聞いて喜び、ペーター牧師とともに総会への仲介の労をとってくださった同協会のマルクス・トマ (Markus Thomma) 理事長をはじめ、関係各位に感謝をお伝えしたい。

説教集の第一巻同様、今回の出版にあたっても、一麦出版社の西村勝佳社長にはさまざまな形で助けていただいた。感謝を申し上げるとともに、この時期労苦も多いであろうキリスト教出版の大切なお働きに、上よりの導きと祝福をお祈りしたい。

男女の家族や親族の物語を翻訳しながら、訳者の頭につねに浮かんでいたのは、いつも隣にいて支えてくれる紘子と、ふたりの娘律子と史子、そして親やきょうだいをはじめ、敬愛する家族・親族一人ひとりの顔だった。親とも対面できない日々がくるとは、昨年までは考えてもいなかったが、このような時こそ再会を期して覚え合う親愛の関係を深めつつ、わたしたちの主に感謝したい。

紙幅の関係で、血のつながりの有無にかかわらず共に歩んでくださる同労者、敬愛する「兄弟姉妹」のお名前をここに記すことはできない。和解と連帯、帰郷と命の祝福、愛と希望に満ちた聖書のメッセージが、読んでくださるお一人おひとりをとおして、多くの方々に届くように、心から祈るものである。

第一部の原著は、ペーター牧師のパートナー、フレーニー・バルト・ペーターさんへの素晴らしい献呈辞をもって飾られていた。わたしも負けないほどの深い思いをもって、すべての労苦を共にしてくれている紘子に向けて「数えきれないほど多くのことに愛と感謝を覚えつつ」、本書をささげたいと思う。

東京・府中にて

二〇二〇年十月三十日

大石周平

さまよう羊——ヤコブとルツの物語

フラウミュンスター教会説教集 II

発行日……二〇二〇年十一月二十七日　第一版第一刷発行
定価……[本体一、六〇〇＋消費税]円
著者……ニクラウス・ペーター
訳者……大石周平
発行者……西村勝佳
発行所……株式会社一麦出版社
札幌市南区北ノ沢三丁目四―一〇　〒〇〇五―〇八三二
郵便振替〇二七五〇―三―二七八〇九
電話（〇一一）五七八―五八八八　FAX（〇一一）五七八―四八八八
URL https://www.ichibaku.co.jp/
携帯サイト http://mobile.ichibaku.co.jp/
印刷……株式会社アイワード
製本……石田製本株式会社
装釘……須田照生

ISBN978-4-86325-127-4 C0016

信仰のいろはをつづる——魂の解剖図と告白
ニクラウス・ペーター　大石周平訳
フラウミュンスター教会説教集Ⅰ　スイスでいま最も注目を集める説教者。わたしたちの魂を〈解剖〉し人間を生々しく見つめる聖書を、むずかしい神学用語を用いず、つづり字を教えるように信仰のいろはを語る。
四六判　定価［本体2400＋税］円

JKに語る！　新約聖書の女性たち——説教集
久野牧
新約聖書に出てくる女性たち、ぜんぜん映えないけど超エモくて草wwww　タピりながらマジ語ろ～！　JKとは女子高校生。高校生たちに福音を伝えたい、主イエスとの出会いが与えられるようにと願ってなされた説教。
A5判変型　定価［本体1600＋税］円

カルヴァンと共に祈る日々
ドナルト・K・マッキム　原田浩司訳
祈りをめぐりカルヴァンとマッキムがタッグを組んだ！　カルヴァンの『聖書註解書』や『綱要』からの珠玉の言葉とマッキムの聖書に即した黙想によって、わたしたちを祈りの人へと導く。
四六判　定価［本体2000＋税］円

神曲つれづれ
仕谷眞
変わり種『神曲』入門。ダンテ没後700年におくる、一『神曲』愛好家がつれづれなるままに書き溜めた100のエセー。著者の体験や見聞による見識に惹き込まれるであろう。
A5判　定価［本体2500＋税］円

CATS　日本キリスト教会大信仰問答
ビジュアル版
全14章、299問答！　伝統的な信仰問答の枠組を踏まえ、使徒信条・十戒・主の祈りを骨格にしつつ、全体を大きく信仰篇と生活篇の二部構成に。軽やかなデザインの「信仰問答」誕生！
A5判変型　定価［本体1800＋税］円